AF494670

JEUX RURAUX ET CHALUMIQUES.

LE TRIOMPHE
DES ARTS ET DE LA NATURE,

OU

L'INAUGURATION DU BUSTE DE PÉTRARQUE AU TEMPLE DE LA GLOIRE,

COMÉDIE EN TROIS ACTES, EN VERS,

TERMINÉE PAR UNE PANTOMIME CHINOISE ET LE BALLET DE PÉGASE;

Par Cl. Roucher-Deratte,

Ancien Professeur de Physique et de Chimie à la ci-devant École centrale de l'Hérault, et puis Professeur de la commune de Montpellier; Auteur d'un grand nombre d'ouvrages sur les Sciences Philosophiques, Physiques, Médicales, les Lettres et la Poésie; ouvrages partie imprimés et partie inédits; entr'autres parmi ses ouvrages Poétiques inédits: 1.° d'un Théâtre agronomique, en 14 pièces, en trois actes, et dont le canevas a paru en prose en partie; 2.° d'un Théâtre tragique et comique, en 14 pièces, chacune en 5 actes, la plupart; 3.° d'une Maison agronomique, en 4 gros volumes; 4.° d'un Poëme sur l'Ontologie ou la Physiologie, en 2 volumes; 5.° d'un Poëme sur l'hygiène, en 2 volumes.

Première Pièce du Théâtre rural de l'Auteur.

MONTPELLIER,
DE L'IMPRIMERIE D'ISIDORE TOURNEL AÎNÉ,
RUE AIGUILLERIE, N.° 27 (1830).

NOMS DES INTERLOCUTEURS.

Un Gouverneur de Province.
Un Prelat, Archevêque.
Un Intendant de Province.
Un Magistrat, Chef d'une haute cour.
Ariste, Magistrat, President.
Solon, autre Magistrat.
Hélianthe, Marquis, Agronome.
Acanthe, Abbé, Orateur sacré.
Phydias, Peintre célèbre.
Alcée, Poète distingué.
Atlas, Astronome, S. P. P d'Académie.
De Haute-Terre, Agronome.
De Haut-Vignoble, Agronome.
Paris, Poète distingué.
Narcisse, Poète.
Jacinthe, jeune Peintre.
Olympe, Agronomiste, Météorologue, et Poète.
Linus, Marquis, Agronome, amateur de Musique.
Érycthée, Artiste, père d'Alcée.
Amalthée, mère adoptive d'Alcée.
Un Archiâtre, dit Esculape.
Chiron, Chirurgien renommé.
Un Médecin hippocratique.
Un Naturaliste, Botaniste distingué.
Hermès, Chimiste.
Labrosse, Peintre décorateur, père de Jacinthe.
Lacasse, Imprimeur.
Cupidon, Maître de Musique.
Un Acteur distingué, dit Melpomène.
Therpsicore, Maître de Ballet.
L'Etoile des Près, Poète académicienne.
Balzamine, Dame de haut parage.
Asterie, Amatrice des Sciences.

La Scène est dans un château qui domine le mont de Castelnau, en un site analogue à celui de la Fontaine de Vaucluse.

ACTE PREMIER.

SCÈNE PREMIÈRE.

ATLAS, LINUS, NARCISSE, HÉLIANTHE, COMMISSAIRES.

ATLAS.

Célébrons sur ce mont, dans ce lieu romantique
Que fréquentait Pétrarque, en ce château gothique
Le triomphe à la fois des sciences, des arts,
De la belle nature enchantant nos regards;
Rajeunie au printemps, partout dans son empire,
Sur nos monts, nos coteaux, son gracieux sourire,
Les germes créateurs féconde, précieux,
D'Appollon, de Minerve, utiles dons des cieux.
Dans ce site charmant, Messieurs, séant en loge
Au temple des neufs sœurs on doit faire l'éloge
En ce jour glorieux du triomphe des arts,
Entr'autres de l'art noble, attirant les regards
De l'art sacré, rural, et de l'agronomie,
Encouragés par nous, par notre académie,
Des prix sont décernés sur des sujets divers,
Sur l'art météorique et l'art georgique en vers.
Bien connue en tous lieux la céleste influence,
Des météores tous, qu'aux champs le ciel dispense.
Commissaires nommés nous voila pour ce jour,
Mémorable pour nous, pour Minerve et sa cour,
Des Muses et des arts les nourrissons emblêmes,
Honorons en Pétrarque, un des élus suprêmes.

NARCISSE.

Digne est d'être transmise à la postérité,
La gloire du grand homme et sa célébrité.

HÉLIANTHE.

Au rang des demi-dieux, digne d'honneur célestes,
Dus au rare mérite à ses vertus modestes.

LINUS.

Et dus au philosophe, au poète à talent,
Au troubadour sensible, aimable, à cœur aimant,

ATLAS.

Qu'en ce temple en ce jour éclate l'allégresse,
C'est la fête des arts, leur triomphe intéresse.
Poëtes, orateurs, savants, hommes instruits,
Peintres, musiciens, vos efforts réunis
Doivent tous concourir à relever le lustre
De la solennité, d'une séance illustre.
A l'envi célébrons la gloire et la splendeur
Des sciences, des arts, qui nous tiennent à cœur;
Pétrarque le divin, digne d'apothéose,
Que son auguste buste, à tous cher, l'on dépose
Au temple de la gloire, en ce jour solennel,
Y méritant sa place, à jamais immortel.
Poëte lauréat fut le savant Pétrarque,
Homme d'état habile, ambassadeur de marque
De sa langue, des vers, du goût restaurateur,
Modèle des amants, des troubadours la fleur.

LINUS.

A sa célébrité, de chaque Aréopage
Lui revient en tribut, un solennel hommage.

NARCISSE.

Son triomphe en ce jour réjaillit sur les arts,
De ceux les cultivant appelle les regards.

HÉLIANTHE.

Et doit favoriser leurs progrès par la gloire,
Par l'espoir d'être admis au temple de mémoire.

ATLAS.

Pour notre honneur veuillez vous donner tous les soins
Pour que tout nous seconde, et marche en ordre au moins,
Faisons accueil, honneur, aux illustres personnes.
Nous devons remplacer, à matines, à nones,
Au temple de Minerve étant ses suppléants,
Le chapitre assemblé, pour recevoir céans,
Les gens d'autorité, tous invités encore,
Avec tous les égards dus à ceux qu'on honore.

LINUS.

Nous userons du mieux que nous le permettra
Le decorum gardé, la dignité qu'on a.

NARCISSE.

Dans ces occasions l'urbanité requise
Et l'amabilité, doivent être de mise.

HÉLIANTHE.

De Mercure jouant le rôle en nos emplois,
Du cérémonial observons-en les lois;
Dans le temple des arts il faudrait l'éloquence
De l'orateur divin, son art et sa prudence,
Son divin caducée, afin de s'acquitter
De la tâche imposante, ainsi bien mériter.

ATLAS.

On va tenir salon, séance académique,
Que tous les huis ouverts, elle soit authentique,
Qu'au triomphe des arts à leur pompe en ce jour,
Tout accoure empressé, pour leur faire la cour.
Il faut nous retirer pour disposer la scène
Que nous venons d'ouvrir sans drame dans l'arène;
Mais je crains qu'en ce jour des auteurs étrangers
Qui s'y rencontreront n'amènent des dangers.

LINUS.

Allons chacun de nous voir tout ce qui se passe.

SCÈNE 2.e

ERYCTHEE, LABROSSE.

ÉRYCTHÉE.

Sans chercher nos savants nous voilà sur leur trace;
On dit mon fils Alcée, arrivé dans ces lieux,
Avec ses deux amis, personnages fameux,
Venant voir leurs parents, tous trois compatriotes,
Et leur chère patrie, et ses riantes côtes.
Ils sont présents ici sur ce coteau fécond,
Arrêtés, reconnus au passage, dit-on,
Pour la fête des arts, Jacinthe ainsi qu'Olympe,
A l'envi l'un de l'autre tout monticule y grimpe,
Pour les apercevoir, pour en hâter l'instant,
Ces sites enchanteurs à l'instant visitant.

LABROSSE.

Mon fils tout comme Olympe en ce jour, Erycthée,
Au triomphe des arts venus à l'assemblée,
Vont bien jouir tous deux de voir, jeunes rivaux,
Des hommes d'un grand nom, présents aux jeux ruraux.

ÉRYCTHÉE.

Leur émulation, si louable Labrosse,
Est d'un heureux augure, et promet quelque crosse
A nos vieux ans ici, nourrissons-en l'espoir
D'après ce que déjà mon fils aîné fait voir.
Pour de pareils enfants, il n'est de sacrifice,
Que jaloux de leur bien on ne fasse propice.

LABROSSE.

Je t'en dis bien autant, ma satisfaction,
Pour les deux miens est grande en leur position;
La fortune, les biens, le plus riche héritage,
Ne vondraient point pour eux l'honorable appanage,
Que peut leur procurer la culture des arts,
Un grand mérite acquis à différents égards.
Oui, souvent voyons-nous que le bien, la richesse
Ne prospère aux enfants, qu'amollit leur ivresse;
Qu'ils dissipent bientôt, livrés à leurs plaisirs,
Passant toute leur vie en de honteux loisirs.

ÉRYCTHÉE.

Labrosse, encor heureux, quand le libertinage
Ne les mène, attrayant à quelque grand naufrage
Contre bien des écueils ne les fait se heurter,
Aux folles passions se laissant emporter.

LABROSSE.

La cause du malheur tient à cette faiblesse,
Des parents qui les gâte, autant que leur richesse;
A ce désœuvrement qui les énerve encor,
Leur prépare de loin, un bien malheureux sort.

ÉRYCTHÉE.

Malheur pour les enfants, quand un père, une mère
Manque de fermeté, ne se roidit, sévère!
Envers eux, leur paresse! et dans tous les états
Dont on observe bien les fâcheux résultats.
Sous la sévérité leur cachant la tendresse,
Toujours de ses enfants on vaincra la paresse,
En leur montrant d'ailleurs le phantôme brillant,
L'aiguillon de la gloire, à leurs yeux rayonnant.
De l'éducation le triomphe et le lustre,
Leur citant à propos quelque grand homme illustre.

LABROSSE.

C'est bien ce que je fais à mes fils bien souvent,
Pour les aiguillonner, les pousser en avant.

SCÈNE 3.e

ERYCTHEE, LABROSSE, LACASSE.

ÉRYCTHÉE.

Voici l'ami commun, notre cher typographe.

LABROSSE.

Qui nous avertira des fautes d'orthographe.

LE TYPOGRAPHE.

Vous pourriez bien en faire, et sans vous en douter!
Quand maint et maint auteur en font à redouter.
Faisant souvent gémir, sous ce rapport, nos presses,
Les artistes sourtout, bien honteuses paresses!
C'est un défaut criant des principes connus,
Ignorant leur grammaire, objet dit superflus.
Quoique ayant des moyens, affreuse négligence!
Qui fait tort au savant, bien plus que l'on ne pense.

ÉRYCTHÉE.

Ce n'est point pardonnable aux savants, aux lettrés,
Typographes surtout, maîtres ès arts impétrés;
Mais aux artistes bien, ainsi tels que nous-mêmes.

LABROSSE.

Non jaloux de passer pour puristes suprêmes,
Qui jettent les hauts cris mal orthographié,
Un nom propre, un seul mot par nous estropié.

LE TYPOGRAPHE.

Aux puristes, Messieurs, respect! honneur, hommage!
Quand d'Olivet, Racine, en font gloire; oh! j'enrage,
Quand j'entends et je vois, une syllabe, un mot
Mal écrit, prononcé, qui me dénonce un sot,
Et soit, sans vous fâcher, chers Labrosse, Erycthée;
Mais malgré moi, toujours, mon oreille est crispée,
Et j'ai des soubresauts! un spasme général!
Quand manque l'orthographe et qu'on prononce mal.
Gloire à l'art des Restaut, Wailli, Domergue encore,
Maîtres dans l'art d'écrire, et par là, qu'on honore,
Formant de grands acteurs, des orateurs divins.
Le parler pur, correct, sans accents, mal empreints,
Nous ravit! nous enchante! alors que Melpomène
Et Thalie, Amphion, prononcent sur la scène.

Oh! vous ne sauriez, non apprécier assez
Le plaisir ravissant, le charme à son excès
Qu'éprouve le puriste en son cœur, quand l'oreille
Se trouve chatouillée, en ivresse pareille!
Dans ses traits, dans ses yeux, ses mouvements soit dit,
Oh! la joie irradie et son cœur en bondit.

ÉRYCTHÉE.

Chaque art a ses plaisirs qui naissent du bien faire,
Et du goût exercé dont le charme diffère;
Je l'éprouve moi-même, alors qu'en mon talent,
Je donne de la grâce au costume élégant,
Qu'en toute draperie, aux lois de l'art conformes,
Je rehausse du corps les riches, belles formes.

LABROSSE.

Peintre décorateur, improprement nommé,
Petit peintre à la brosse, encore que renommé;
Quand à coups de pinceaux mon grand art fait éclore
Les décorations des salons qu'on décore.
Prestiges de mon art, j'en suis ravi vraiment!
Sans en être ébahi, contemplant mon talent;
Dans les règles de l'art, jusque dans l'arabesque,
Mon genre embrasse un peu la peinture à la fresque,
Surtout la perspective et ses illusions,
Qu'en scène l'on étale en décorations.
Cette branche de l'art, de l'art de la peinture,
Fait le plus de prestige aux yeux par sa nature.
Chers Lacasse, Érycthée, oui chaque art a son prix.

ÉRYCTHÉE.

Je vais me retirer pour découvrir mon fils,
Rejoindre à quelques pas, l'attendant, mon épouse,
Que j'ai conduite ici, non moins que moi jalouse
De revoir mon Alcée, arrivé dans ces lieux.

LABROSSE.

A revoir ce tantôt, de ton fils bien joyeux;
Retirons-nous aussi.

SCÈNE 4.e

ACANTHE, PHYDIAS, ALCÉE.

ALCÉE

Quel bel aspect se montre!
Se découvre à l'entour! quelle heureuse rencontre
Nous arrête! invités à la fête des arts.

ACANTHE.

Quel pittoresque endroit ici s'offre aux regards !
Salut ! ô mont chéri ! salut Montpessulane !
En beau sexe fécond duquel ton nom émane ;
Comme en poètes même à tour d'esprit brillant,
Grâce à ton ciel si pur et serein, scintillant.

ALCÉE.

Salut illustre mont ! rival du mont Ménale,
Par les jeux pastoraux et la flûte rurale,
Et les chants amoureux des gentils troubadours,
Sur leur lyre chantant leurs belles, leurs amours.

PHYDIAS.

Quel charme de revoir sa bien chère patrie,
Après trente ans d'absence ! ô belle Occitanie !
Qu'on regrette sans cesse absent de son séjour.

ALCÉE.

Oui, séparé des siens, d'un père, oh ! quel beau jour !
Je vais donc vous revoir père, mère adorée,
Qui n'a rien de marâtre, en mon cœur honorée ;
A qui je dois les soins, les peines, les soucis,
Que donne le bas âge, au-dessus de tout prix.
Que ne vous dois-je point, oh ! de reconnaissance,
A tous deux partageant mon amour, son essence ;
Oh quel plaisir dans peu ! j'en ai le cœur ému !

ACANTHE.

Quelle surprise ici, si par son bon cœur mu,
Vous alliez y trouver sur vos pas votre père,
En ce jour attiré par le concours prospère !
Vous sachant arrivé pour la fête des arts
Qu'on célèbre en ces lieux... Mais suivant les égards
Nous devons à leur chef pousser une visite,
L'honnêteté, Messieurs, le prescrit ; allons vite !

ALCÉE.

Messieurs, bien volontiers ; mais permettez-moi bien
D'aller voir un instant, s'il n'est ici nul mien.

ACANTHE.

Eh, bien ! nous vous laissons ; venez bientôt nous joindre.

ALCÉE.

Mes renseignements pris, comptez de me voir poindre.

SCÈNE 5.e

ALCÉE.

O quel plaisir j'aurai de pouvoir embrasser
Ces bons et chers parents dans mes bras les presser!
Voyons ici quelqu'un? Sachons quelque nouvelle.
Voici quelqu'un dans l'âge infirme et qui chancelle,
Dont l'aspect m'attendrit! Serait-ce lui! si vieux;
Voilà bien tous ses traits! quelle rencontre, ô cieux!
Puis à l'écart sa femme et qui me considère,
Qui lui ressemble, accroît mon doute involontaire.
Oh! si c'était du cœur quelque pressentiment,
Quel bonheur ce serait! parlons-leur à l'instant.

SCÈNE 6.e

ALCÉE, ERYCTHÉE, AMALTHÉE.

ALCÉE *s'approchant d'Erycthée.*

Bon homme, dites-moi, le vieillard Erycthée
Est-il connu de vous? et sa femme Amalthée?

ÉRYCTHÉE.

Oui! qu'en souhaitez-vous?

AMALTHÉE.

Oh! bien, Monsieur, croyez.

ALCÉE.

Comment se portent-ils?

ÉRYCTHÉE.

Comme gens vieux, voyez.
Comme moi, mon épouse.

AMALTHÉE.

Infirmes par leur âge,
Par suite des labeurs, des soucis du ménage.

ALCÉE.

Combien ont-ils d'enfants?

ÉRYCTHÉE.

Huit, Monsieur, tous comptés,
Trois filles, cinq garçons, assez bien appointés.
Dans les sciences, les arts, les garçons qui nous minent,
Se distinguent déjà, du moins s'ils nous ruinent,

Et surtout leur aîné depuis trente ans absent,
Et fixé dans Paris, et qu'en ces lieux attend
Son pauvre père, hélas! pour fermer sa paupière;
Flatté de cet espoir au bout de sa carrière.
On le dit arrivé ce fils d'un si bon grain.

ALCÉE.

Et que fait celui-là qui fait votre chagrin.

ÉRYCTHÉE.

Naguère receveur, homme aujourd'hui de lettres,
Poète renommé, comptant parmi les maîtres.
Eh! d'où que vous soyez, au moins par son renom,
Vous pouvez le connaître, en ayant mis son nom.

ALCÉE.

Comment le nommez-vous?

AMALTHÉE.

Nous le nommons Alcée,
Oui, d'un nom de berger, grand poète à pensée,
Tout jeune à la bavète, aimant à rimailler,
Je lui donnai ce nom, il sait tout émailler.

ALCÉE.

C'est mon meilleur ami, cet Alcée, oui, poète.
Permettez qu'en son nom, père aussi bon qu'honnête,
Bien vous embrasse Alcée, ainsi que sa maman.

ÉRYCTHÉE.

Oh! c'est lui, je croirais.

AMALTHÉE.

C'est son cœur même aimant.

ÉRYCTHÉE.

Que mes bras sur mon cœur, fils désiré, te pressent,
Je mourrai sans regret, déjà mes forces baissent.

ALCÉE.

Oh! vous vivrez encor pour recevoir d'un fils
Le tribut qu'il vous doit d'amour, d'honneur requis.

AMALTHÉE.

Cher Alcée, à son tour qu'en ses bras Amalthée,
Vous presse sur son cœur à l'envi d'Erycthée.
Objet de ma tendresse et non moins précieux,
Qu'aucun de mes enfants, quel jour délicieux!
De vous revoir, mon fils, au sein de la famille.

ÉRYCTHÉE.

Et dans ce jour, ces lieux où le talent y brille;
Au triomphe des arts célébrés parmi nous,

Où l'on compte vous voir, tous les regards sur vous?
A propos arrivé chez vos compatriotes,
Jouissant d'un renom, de glorieuses notes.

ALCÉE.

Père et tendre maman, de votre émotion
Mon amour filial sent le prix et le don;
Ne la partage moins, reconnaissant, sensible,
Pour tout ce que vous doit un cœur très-expansible.
Eh! bien, l'on m'y verra, puisque l'heureux hasard,
Mon étoile plutôt m'y conduit en regard;
Je dois participer à la commune joie,
De mes concitoyens me trouvant sur la voie;
Je reconnais bien là des hommes excellents,
Leur noble enthousiasme envers tous les talents;
Je ne puis m'épancher vu que le temps me presse,
Pour la solennité qui répand l'allégresse.
Profitant de ce temps, de la belle saison,
Pour revoir mes amis, ma patrie à grand nom;
Pour me soustraire encor aux clameurs des critiques,
Du parti des jaloux vendus, plats satyriques;
De ceux crus mes amis, dont la caustique humeur
Ne m'a point ménagé, m'a déchiré le cœur.
Tel le traître Paris, jaloux du peu de gloire
Que mes travaux ont pu m'attirer.

ÉRYCTHÉE.

C'est à croire.
Oh! quel acharnement qu'on ne peut concevoir,
Qu'en supposant en lui le cœur fourbe, bien noir;
Un esprit rétréci, l'âme basse et jalouse,
Et la méchanceté que le malin épouse.

AMALTHÉE.

Qui l'aurait cru jamais, après avoir chanté
Le dauphin, Antoinette, et leur hymen loué;
Vos muses s'unissant, vos chants patriotiques.

ALCÉE.

Comme l'étaient nos cœurs dans ces temps pacifiques.
Que jamais le hasard ne nous rapproche pas!

ÉRYCTHÉE.

Ecartez de l'esprit Paris et ses traits bas.

ALCÉE.

Il le faut, je vous laisse, et rejoins la famille;
On m'attend pour visite, à revoir, j'en pétille.

ERYCTHEE.

Voici le cher Olympe, il vous cherchait partout,
Accompagné du fils, d'un ami qui sait tout.
Jeune peintre estimé qui part bientôt pour Rome,
Qui promet un sujet, quelque jour un grand homme.

SCÈNE 7.e

ALCEE, ERYCTHEE, AMALTHEE, OLYMPE, JACINTHE.

OLYMPE *accourant.*

Cher frère, quel plaisir que de vous embrasser !
Ne vous connaissant pas, vous auriez pu passer
Quoiqu'on vous eût dépeint, sans que je m'en doutasse.

ALCEE.

Je le crois, cher Olympe, avec nous le temps passe !
Nous change à tout égard, quel charme de te voir,
Connaissant tes moyens, et déjà ton savoir ;
Il faut venir me joindre à Paris, venir vivre,
Il n'est que ce pays pour s'avancer, pour suivre,
Avec quelque talent, la carrière des arts,
Ou des sciences même, attirer les regards ;
Et pour les peintres Rome.

OLYMPE.

Oh ! c'est mon espérance,
Et voilà le motif qui conduit hors de France ;
Et fait partir Jacinthe, et chercher des secours
A Rome, la cité des peintres, leur recours.

JACINTHE *s'approchant.*

C'est avec grand plaisir que me vient l'avantage
De pouvoir vous connaître et vous offrir l'hommage
De mes humbles respects, et le tribut d'honneur
Que l'on doit au talent, aux vers d'un grand auteur.

ALCÉE

Flatteur, le compliment est beaucoup trop honnête,
Avec plaisir j'apprends le départ que projète,
Pour la cité des arts votre noble dessein,
Et que vous professez des talents, un goût sain,
Avec beaucoup de fruit et d'honneur et de gloire,
Qui doivent vous placer au temple de mémoire ;
Où vous appellera la patrie un beau jour,

De préférence à Rome encor qu'un beau séjour;
Mais sans plus retarder, retirons-nous mon père,
Et laissons ces messieurs sans les fâcher j'espère.

SCÈNE 8.e

OLYMPE, JACINTHE.

OLYMPE.

Jacinthe, en attendant la séance en ces lieux,
Jouissons à l'envi d'un aspect merveilleux,
Et bien propre à ravir, à jeter dans l'extase!
Au retour du printemps ses traits en pleine phase;
Dans ce lieu romantique, en ce site charmant,
Digne de ton pinceau, du poëte à talent.

JACINTHE.

Mes yeux et mon esprit admirent la structure
De ce lieu pittoresque en jeux de la nature,
Qui ressemble à Vaucluse, à son vallon chéri,
N'ayant moins de beautés, de charmes, celui-ci.

OLYMPE.

Lieu que hantait, dit-on, le bon divin Pétrarque,
Ce doux chantre de Laure, ajoutons en remarque;
Aimant dans ce séjour qu'il fit pendant trois ans,
D'errer dans ces détours, ces sites ravissants!

JACINTHE.

Cet heureux souvenir rend bien plus agréables
Tous ces sites divers, dès lors plus mémorables;
Puissé-je quelque jour, j'en ai le doux espoir,
Ayant acquis un nom de venir les revoir!

OLYMPE.

Puissiez-vous bien, dans peu, vous faire un nom illustre,
De la chère patrie accroître ici le lustre.

JACINTHE.

D'un noble enthousiasme éprouvant les transports!
Que font naître de l'art les chefs-d'œuvres alors;
Il me tarde de voir Rome et tous ses trophées,
Que l'on doit au génie, à tant de coryphées,
Qui vont même exalter toutes mes facultés,
Pour imiter un jour leurs sublimes beautés.

OLYMPE.

Et moi je compte aussi voir notre capitale,

Exaltant le talent de Rome la rivale ;
Rassemblés de tous lieux les grands hommes de l'art,
Modèles du bon goût, plus rares autre part ;
Quoique l'on puisse bien, sans quitter sa patrie,
En tous lieux s'illustrer, l'âme d'honneur pétrie.

JACINTHE.

Mais il en coûte plus de peine, de talent,
Pour percer, s'élever, le renom tardif, lent,
Plus ailleurs qu'à Paris, bien que le grand mérite
Vexé, soit obligé souvent de fuir ce gîte.
Il faut, mon cher, s'attendre à des flots de jaloux,
Qui vous critiqueront de dépit, en courroux.

OLYMPE.

Je le sens, ils voudraient gravir le mont Parnasse,
Mont escarpé, terrible, ils montrent cette audace ;
Ils voudraient m'empêcher, Zoïles, d'y monter,
Conspirent contre moi, mais n'osent m'affronter ;
Tombent à chaque pas, répoussés en arrière,
Roulent de précipice en précipice à terre.
Il en est qui voudraient en croupe être portés,
Sur le cheval ailé pour n'être démontés ;
Mais trop vains leurs désirs et leur soif de la gloire,
Ne pouvant aspirer au temple de mémoire.
Oui ! combien qui voudraient, affamés d'un grand nom,
De larcins frauduleux, grands larrons du vallon ;
S'unir, s'associer en secret de la bande,
Pour s'enrichir, ou bien faire la contrebande.

JACINTHE.

La peinture, mon art, a ses contrefacteurs,
Qui vendent leurs tableaux pour ceux des bons auteurs.

OLYMPE.

Voici, mon cher Jacinthe, Atlas, grand astrocope,
Chef de l'Aréopage, et censeur d'horoscope ;
Il faut lui présenter sa salutation.

SCÈNE 9.e

ATLAS, JACINTHE, OLYMPE.

OLYMPE.

Agréez, grand Atlas, la vénération,
Par hommage en ce jour, d'Olympe et de Jacinthe,
Dus à tant de savoir dont vous êtes l'enceinte.

JACINTHE.

Bien digne de renom, modèle du savant,
Par vos hautes vertus, le savoir triomphant.

ATLAS.

Avec bien du plaisir je vois votre jeunesse
Déjà se distinguer, ce qui plus m'intéresse,
Que votre compliment; j'espère qu'en ce jour,
Où les Muses chez nous, aimant bien ce séjour,
Au triomphe des arts assistent pour leur gloire,
Leurs chéris nourrissons, dignes de leur mémoire;
Des nôtres vous serez, jeunes flambeaux des arts,
Cher Olympe, Jacinthe attirant les regards.

SCÈNE 10.e

ATLAS, ACANTHE, ALCÉE, PHYDIAS.

ATLAS.

Quelle joie imprévue
De rencontrer ici trois savants, qu'on salue.

ACANTHE.

Quelle heureuse rencontre, oh! pour nous en ces lieux,
Salut, respect, Atlas, j'en rends bien grâce aux cieux.

ATLAS.

Je suis ravi, l'abbé, qu'un savant, et des nôtres,
Un flambeau de la chaire, émule des apôtres,
A qui l'on doit encor des documents sur l'art,
L'éloquence sacrée, illustre à tout égard,
Soit ici pour donner à notre Aréopage
Plus d'éclat et de lustre en ayant son hommage.
Les lauriers de vos mains, en ce jour décernés,
Acquerront plus de prix auprès des couronnés.

ACANTHE.

Vous me flattez beaucoup, docte gymnasiarque,
La splendeur du pays, astronome de marque;
Et savant tant instruit! dont l'érudition,
Qu'en tout genre on connaît, fait un savant profond,
Philosophe pieux, que ne vous doit la science
Et la religion d'une grande influence!
Je suis très-enchanté de me trouver ici,
Pouvant participer à la fête en ami.

PHYDIAS.

Je rends grâce à l'attrait du pays qui m'attire,
Me procure en ce lieu le bonheur, je puis dire,
De rendre mon hommage au savant tant aimé,
Chef d'un Aréopage, en tous lieux estimé;
Tout comme le plaisir d'assister en personne,
Au triomphe des arts qu'en ce jour on couronne.

ATLAS.

Votre heureuse présence en ce jour fortuné,
Ne peut que charmer tous, venant à point donné;
En particulier moi, ce qu'il faut que bien note,
Un artiste estimable et mon compatriote;
Le grand restaurateur d'un art bien merveilleux,
De l'école française, honorée en tous lieux;
Bien digne de renom, dans tous les colysées,
Par ses brillants travaux, ornement des musées.

ALCÉE.

Béni soit l'heureux jour qui guide ici mes pas,
Et me permet de rendre hommage au docte Atlas!
Honorable savant, favori d'Urame,
Dans ce brillant climat, fait pour l'astronomie;
Tête encyclopédique, homme prodigieux,
Que respecte l'envie, acharnée en tous lieux
Contre le grand talent, contre le vrai mérite,
Dont elle est offusquée, et qu'à peine on évite.
Hormis vous, cher Atlas, phénomène moral,
Au monde littéraire, encore sans égal.

ATLAS.

Le compliment flatteur, sans être politique,
Bien trop exagéré, n'est assez véridique;
Il ne peut émaner que d'un cœur bienveillant,
D'un esprit poétique, ornant tout, fort brillant.
Oui, c'est bien vrai, l'envie au grand talent s'attache,
D'où provient mon repos, votre mal sans relâche.
A revoir, Messieurs, tous en séance tantôt,
Dans une heure ou plus tard, pas plus de temps ne faut,
Pour que tout se rassemble à notre heure indiquée,
Collégues, invités, toute place est briguée.

Fin du premier Acte.

ACTE DEUXIÈME.

SCÈNE PREMIÈRE.

PARIS.

Présent à la séance, est Alcée en ces lieux,
Je l'apprends à l'instant, que je suis malheureux
De m'être présenté dans cet Aréopage !
Bien à craindre entre nous qu'il n'éclate un orage.
Pourra-t-il bien me voir, qu'un esclandre n'ait lieu,
N'ait ici pour témoin l'académie ; ô Dieu !
J'ai tant, tant critiqué son bien chétif poëme,
Louangé, prôné, trop avant de naître même,
Choqué bien justement de sa gloire et d'un nom,
Trop précoce, éclipsant la mienne et mon renom.
Je sens que son ami, j'ai mis trop d'amertume,
Peut-être à ma critique, et contre ma coutume ;
Qu'on pourra me taxer d'être un ami jaloux,
Et d'avoir exhalé ma bile en grand courroux ;
Mais enfin je devais, gravissant le Parnasse,
Derrière le pousser de la première place.
O ciel ! oh ! le voici.

SCÈNE 2.e

PARIS, ALCÉE.

ALCÉE.

Quel insolent, voilà !
Qui ne se doutait point qu'arrivé j'étais là !
Il vous appartient bien, efféminé poëte,
De critiquer Alcée ! aussi creuse la tête !
Bouffi, gonflé d'orgueil, du venin envieux !
Perfide ami rival, qui me suit en tous lieux !

PARIS.

Le droit de censurer m'appartient comme à d'autres,
L'œuvre de mauvais goût, ainsi telle des vôtres ;
Moins de Platon l'ami, que de la vérité !
Bien qu'il vous en déplaise, amour propre heurté,
Je crois avoir rendu, Monsieur, un libre hommage

À la censure intègre, en tout point juste et sage.
Dussiez-vous m'en vouloir, me taxer de jaloux,
Et de traître et de lâche, en rival en courroux,
Je ne vous crains, Monsieur, prêt après la séance
À vous rendre raison, mise en arrêt, la lance!

ALCÉE.

Eh, bien! c'est acquiescé, ne faisons point de bruit,
De scandale; à revoir! tantôt quand vesper luit.
(*il se retire et revient*).
Et sauf à me venger après, en Aristarque,
En auteur offensé, si le permet, la Parque.
(*il se retire.*)
Ou d'un profond mépris, user à votre égard,
Ne faisant point de cas des écrits d'un bavard.

PARIS.

Vous m'insultez, Monsieur, provoquez ma colère;
Vous me faites sortir de mon froid caractere,
Peu s'en faut, après tout, à ce point outragé,
Qu'oubliant où je suis, soudain, ne sois vengé.

ALCÉE.

Ah! gardez-vous-en bien! retenez votre rage,
A l'insulte, Paris, n'ajoutez point l'outrage;
Et croyez bien, d'ailleurs, qu'étant dans votre tort,
N'ayant pas mon *robur*, ne seriez le plus fort.
Craignant de m'échapper, je me contrains moi-même,
Tant je suis indigné de cette horreur extrême!
Ah! déchirer ainsi *rostris et unguibus*,
Ma réputation, eh! traiter de Phœbus,
Mon style nerveux, grand, s'élevant au sublime,
Sans cesser d'être pur, correct, riche de rime.
Tantôt vigoureux, mâle, ou doux et gracieux;
Tantôt léger ou lent, toujours harmonieux!

PARIS.

Si je n'étais ému, j'éclaterais de rire!
De vous entendre ainsi parler dans le délire,
Par l'orgueil, l'amour-propre aveuglé, pauvre auteur!
Sans moyens et sans goût! se louant sans pudeur!

ALCÉE.

Homme vain et méchant, semblable à la vipère
Qui crève de venin! gonflée en sa colère.
Vous y connaissez-vous? Zoïle, à critiquer!

Puis, quel est votre but ainsi de m'attaquer ?
Vous n'en avez pas d'autre, oh ! sûr, que de détruire
Ma réputation, croyant de me bien nuire !
Comptant en imposer aux yeux de l'ignorant !
Sans jugement, sans goût, mes talents abhorrant.

PARIS.

Je ne suis pas le seul à faire la critique,
D'un poème sans plan, sans lien harmonique ;
Si vous saviez, Monsieur, y voir ainsi que moi,
Vous ne m'imputeriez d'une mauvaise foi.

ALCÉE.

Profane ! critiquer mon plan ! sa structure !
Le taxer vicieux ! fourni par la nature ;
Embrassant l'univers, ainsi que dans son cours
L'astre des cieux, des mois, et le père des jours.
Poème descriptif, il ne peut, mon ouvrage,
Creuser trop son sujet varié, sans naufrage ;
Méchamment l'inculper de hors d'œuvre, sans goût,
De trop se ressembler quelques mois, juillet, août,
Par l'air, leurs résultats ! se suivant, limitrophes.
Ai-je pu l'éviter ? comme vos apostrophes ?
Sans épisodes mis, leur utile recours
Que fournissent les champs, les cités et les cours ;
Tous bien de son ressort, n'étant pas tout champêtre,
Le sujet du poème, il ne doit le paraître.
Moins restreint dans son plan que celui des saisons,
Relatif à la terre, à ses productions.
Sans un jugement faux, sans prévention même,
Et sans malignité, sans envie à l'extrême,
Peut-on blâmer mon plan, son ensemble en accord ?
L'intérêt du détail et leurs attraits encor ?

PARIS.

Tant pis pour vous, Monsieur, et votre goût baroque,
Si vous prenez un plan irrégulier qui choque ;
La nature en fournit d'autres aussi mauvais,
Je me garderais bien d'y dépenser mes frais.

ALCÉE.

Que ne pourrai-je pas critiquer et redire
Sur vos œuvres, Monsieur, même sans contredire
Les arrêts d'un censeur qui ne m'a ménagé,
Non moins jaloux que vous, et non moins enragé,
Qui s'est rendu suspect sur moi dans sa critique,

En voulant vétiller surtout en satyrique ;
Comme vous avez fait ; sur chaque ver bavant,
Distillant le poison comme fait le serpent ;
Mais forcé bien des fois pour son honneur, sa gloire,
De m'applaudir, louer, malgré son humeur noire.

PARIS.

Que m'importe que vous et d'ignorants censeurs
Aillent me critiquer dans mes savants labeurs,
Pourvu que mes travaux, par eux recommandables,
Chez la postérité passent comme notables.

ALCÉE.

Oui ; sans doute, Monsieur, qui peut bien s'en flatter !
Et répondre aux censeurs sans trop les maltraiter ;
Quand on est parvenu bien haut sur le Parnasse,
On ne craint point la foudre éclatant, qui terrasse
Ceux qui rampent au bas et sous la région
Du nuage éthéré qui fait explosion.

PARIS.

L'ironie emphatique, ici, Monsieur, m'offense !
Je connais l'homme, au reste, avec sa virulence.

ALCÉE.

Oui, vous avez, dit-il, essayé tout en vain,
Mais n'avez engendré que d'avortons enfin ;
Vous avez enfanté diverses tragédies,
Chaussé le brodequin, fait quelques comédies,
Le jaloux sans amour ; fait même des romans,
Et des contes en vers, en prose, non charmants.
Hélas ! et qui n'ont pu échapper du naufrage
Où vouliez m'entraîner, pauvre homme, en votre rage.

PARIS.

Ce que j'ai dit de vous n'est sans motif fondé ;
Des Muses, d'Appollon, sans goût, non secondé ;
N'avez d'un cerveau faible, enfanté, conçu même
La montagne en travail qu'un monstrueux poëme ;
Un infurme plutus condamné, malgré vous,
A périr, réprouvé des Muses en courroux,
En hauts cris de haro est tout le mont Parnasse ;
Il est fâcheux pour vous qu'en naissant il trépasse.
Eh ! quant aux miens nombreux entr'autres, mon Paris,
En dépit des jaloux j'en ferais des paris ;
Ils seront triomphants, des hauts cris des chouettes

Que la lumière blesse, ainsi que tels poëtes,
De Minerve maudits, qui se cachent aux yeux
Ululant, cris perdus aux déserts, en tous lieux.

ALCÉE.

Tout au moins je puis bien avoir même espérance,
Moins maltraité que vous, de ceux de votre engeance;
Que vous avez mis gloire à surpasser, méchant!
En satyriques traits partout me recherchant,
Pour poignarder l'ami! le détruire, sans doute,
Dans l'esprit prévenu des lettrés qu'on redoute,
Toujours de son vivant, injustes dans leurs voix,
Par esprit de parti, l'envie à l'œil sournois.

PARIS.

Que je vous cherche, moi! vous n'en valez la peine?
A revoir, champion, la lance dans l'arène.

SCÈNE 3.e

ALCÉE.

Il s'en va, se retire; eh! bien lui sied, ma foi!
Son propos outrageant me vexait! hors de moi!
Quoique j'aie accepté d'en venir à l'extrême,
Du parti violent pour l'humanité même;
Que réprouvent les lois de l'état offensé,
De leur viol barbare à cet effet poussé.
Par un faux point d'honneur de passer pour un lâche,
Trop imbu de Rousseau, l'ami, bien qu'il m'en fâche
D'avoir l'air d'un poltron; je suis bien résolu
De l'amener plutôt à composer, ému
Par quelque stratagême, ou quelque utile ruse;
Que peuvent me fournir les accords d'une Muse.
Les enfants d'Appollon ne doivent guerroyer,
Que de la plume, entr'eux, sans autre rudoyer.
Le concert va finir, allons à la séance,
Puis nous verrons après, vu sa persévérance,
Ce qu'il convient de faire, afin de ménager,
L'humanité, l'honneur en un pareil danger.

SCÈNE 4.e

ALCÉE, OLYMPE, JACINTHE.

OLYMPE.

J'apprends avec surprise, et non sans grande peine,

Que Paris est ici, s'est montré sur la scène;
Que dans un pourparler il vous a manqué, tel
Qu'à des propos méchants il ajoute un cartel;
Votre second, je dois faire laver l'outrage,
En demander raison pour résoudre l'orage.

ALCÉE.

Reste quoi! je t'en prie, Olympe, et n'aille pas
Faire un plus grand esclandre, exciter des combats,
C'est mon affaire à moi, ne te mêles d'oser.... !
Je saurais bien ce soir le faire composer.

JACINTHE.

Il mériterait bien la leçon salutaire,
Qu'aux censeurs déhontés on devrait souvent faire.
C'est fort! joindre l'insulte au plus perfide trait,
Que jamais ami tel eût fait sans nul regret;
C'est criant! je vous offre en troisième service,
De venger cet affront par un pareil office.

ALCÉE.

De grâce, jeunes gens, en ma position,
N'allez me compromettre; oh! j'en aurai raison!
A le faire rougir d'une manière honnête,
A s'en répentir même au gré de tous en fête.

OLYMPE.

Je ne vous réponds pas si quelque excuse n'est
Que je n'en fasse bien un fraternel haut fait.

ALCÉE.

Il faut savoir, mon cher, conserver la prudence
Et s'attendre toi-même à pareille impudence
Des censeurs, des jaloux, à partager le sort
De tout homme de lettre ou savant de haut bord.
Vexé, persécuté tout le temps de sa vie,
Quand fortuné l'on n'est, surtout portant envie;
N'est issu d'une caste honorée en faveur,
Qu'on sort d'un plébéien, quoique grand par le cœur,
Les nobles sentiments; la première noblesse!
Qu'on n'est vil et rampant, tortillé, sans souplesse;
Qu'on n'est cupide enfin, qu'on préfère à tout l'or
La gloire, un nom célèbre, un laurier en accord.

OLYMPE.

Il ne faut pourtant pas qu'un satyrique abuse
De sa malignité que le public accuse,
Et la joindre à l'outrage, en son infect venin
Contre un homme à talent, bien trop modeste en vain.

ALCÉE.

Il ne faut provoquer les clameurs des Zoïles,
Les crapauds du Parnasse, impurs, sales reptiles,
De leur bave infectant les corolles des fleurs,
Ainsi que fait des mêts la harpie à vapeurs.

OLYMPE.

L'Olympe ne craint point les noirs brouillards immondes,
Qui du limon impur s'en élèvent en ondes,
Vont un temps éclipser le soleil aux regards.
Que bientôt il dissipe armé de tous ses dards.
Que peut une vapeur, quoique opaque, légère,
Contre cet Océan d'une pure lumière!
Réfracter tout au plus quelques rayons brisés,
Ou perdus dans son sein, absorbés, divisés.

ALCÉE *embrassant Olympe.*

Sublime enthousiasme! un tel ressort de l'âme,
Ne peut que du génie en allumer la flamme,
Et conduire au talent poétique exalté,
Du grand capable seul au sublime porté.

OLYMPE.

C'est ainsi que je sens pour le beau, le grand même!
De la fièvre agité, mon pouls bat à l'extrême;
Quand je vois en beaux vers, un sublime tableau,
Ou quand j'en peins quelqu'un d'un style aussi beau;
Quand l'idéal parfait je peins, grâce à Minerve,
Ma muse s'exaltant en ma bouillante verve,
Pour la perfection du plus noble des arts,
Qui met l'homme à l'égal des dieux et des Césars.

JACINTHE.

Qui ne sent pas ainsi ne sera grand artiste,
Un esprit créateur! ne sera qu'un copiste;
La picturomanie ainsi peint, doit parler,
De la métromanie émule en tout aller.

ALCÉE.

Oui, bien que ça ne mène à l'aveugle fortune.

OLYMPE.

Trop désintéressée est l'âme peu commune.
Homère mendia, misérable il vécut,
Errant, persécuté, l'homme qu'on méconnut.

ALCÉE.

Il n'est plus! trois mille ans sont passés sur sa cendre,

Mais vivant, son génie, encor se fait entendre;
Toujours vert radieux, tel qu'un superbe pin,
Affrontant le tonnerre, immortel son destin;
Son poème s'élève au sommet de l'Olympe,
Où la tourbe à son pied à l'entour rampe, grimpe.
Voici quelqu'un, Olympe, il faut se retirer,
Me suivre avec monsieur, pour ne rien s'attirer
De fâcheux en ce jour pour tous de bonne augure,
Le triomphe des arts comme de la nature.

SCÈNE 5.e

LINUS, MELPOMÈNE, CUPIDON, TERPSICORE.

LINUS.

Soyez les bien venus, chers disciples des arts,
Maîtres dans votre genre, à différents égards;
Ce n'est pas sans plaisir que notre compagnie
Vous voit et vous accueille en ce jour de férie;
Rassemblant des neuf Sœurs en ce jour triomphant,
Ses plus chers favoris que ce lieu montre en grand;
Que chérit Melpomène, Euterpe, Therpsicore,
Dignes de leurs faveurs, et que chacun honore,
Pour célébrer la fête et coopérer tous,
A la gloire des arts, de vos talents jaloux;
Devant y figurer au ballet de Pégase,
Être à la pantomime à la chinoise, en gaze.

MELPOMÈNE.

Flattés de cet honneur à l'envi nous voici,
Prêts à contribuer à récréer ainsi,
Les nobles fils des arts, des Muses qu'on retrace,
Accueillant leur encens du haut du mont Parnasse;
Dignes de leurs faveurs, ses bien chers nourrissons,
En ce jour glorieux pour eux et leurs patrons.
En mon particulier puissé-je sur la scène,
En mime retracer Thalie ou Melpomène!

CUPIDON.

Et moi plaire, charmer par le chant, les accords,
Du merveilleux produire, exaltés mes efforts!

THERPSICORE.

Et moi bien faire honneur à Pégase, à sa danse,
Sur la corde avec lui voltiger en cadense;

Mime des troubadours, en assaut avec eux,
Sur le cheval ailé, m'enlever dans les cieux.

LINUS.

Allons entrez, Messieurs, préludez à la fête,
Qu'un grand concert ait lieu, Cupidon à la tête.

SCÈNE 6.e

ATLAS, NARCISSE, LABROSSE, ERYCTHEE, LACASSE, HELIANTHE.

NARCISSE.

Voici des invités qui se rendent, bien vus
Au salon d'harmonie, ouvert pour eux, connus;
De braves citoyens, très-honnêtes artistes,
Chers Labrosse, Erycthée et le chef des puristes;
Pères de jeunes gens qui peuvent figurer,
Déjà par leur mérite, et font bien augurer.

LABROSSE.

Petit décorateur au temple de Minerve
Petite place j'ai, quoique fort bien j'y serve.

ÉRYCTHÉE.

Les pères, à la Chine, en faveur des enfants,
Ont gratis leur entrée, ainsi nous tels céans.

LACASSE.

Comme Creuset, Lacasse, où l'écrivain s'épure,
En puriste est de mise en cette conjoncture.

ATLAS.

Allez prendre une place.

SCÈNE 7.e

ATLAS, HELIANTHE, DE HAUTE-TERRE, DE HAUT-VIGNOBLE.

HÉLIANTHE.

Au nombre des élus,
Les agronomes sont, leurs talents reconnus.
Salut, de Haute-Terre, et vous de Haut-Vignoble,
Flambeaux d'agronomie, art ou science noble;
Digne de figurer en ce jour triomphant,

Les lumières ici que vous montrez souvent.
Le plus noble des arts que peut le gentilhomme,
Sans jamais déroger est l'art de l'agronome;
Art merveilleux, divin, que le grand potentat
De la Chine encourage en pompe avec éclat.

DE HAUTE-TERRE.

Sans avoir de l'éclat, cet art n'est pas moins digne
D'occuper un grand rang, d'influence bénigne.
A la Chine, l'on sait, il a ses mandarins,
Dont le docte monarque ennoblit les destins.

DE HAUT-VIGNOBLE.

Sa grande utilité lui vaut la préséance,
Sur tous les autres arts, sur toute autre science;
La splendeur, la richesse il est des nations,
Le commerce il étend, les populations.

SCÈNE 8.e

LES PRECEDENTS, OLYMPE, JACINTHE, UN JEUNE MEDECIN.

HÉLIANTHE.

Voici d'Alcée encor un frère à grand mérite,
Qui promet bientôt d'être un médecin d'élite,
Devançant l'âge mûr par sa célébrité,
D'un précoce talent, honorant la cité (1).

LE JEUNE MÉDECIN.

Digne est d'ambition l'opinion flatteuse
Que vous avez de moi, suivant la trace heureuse
D'Hippocrate, mon maître, en disciple de Cos.
Puissé-je mériter un nom bientôt éclos!

HÉLIANTHE.

Voici deux jeunes fleurs, Olympe-Aster, Jacinthe
Rivalisant de gloire entr'eux dans cette enceinte,
A tête radieuse excitant des jaloux,
Dignes de bienveillance et d'estime chez nous.

NARCISSE.

Jacinthe est un muguet à parfum bien suave,
Dont le talent, l'amour, qui ne connaît l'entrave,
Lui feront un destin et riche et glorieux,
Quelque jour bien loti, malgré les envieux.

---

(1) Auteur, entr'autres bons ouvrages de pratique, d'un traité de clinique.

OLYMPE.

Il ne peut émaner, trop flatteur, mon éloge,
Que d'un cœur bienveillant pour moi dans cette loge.

JACINTHE.

Je ne suis moins flatté de l'éloge pompeux
Qu'on me fait, et du sort promis bien trop heureux.

SCÈNE 9.e

LES PRECEDENTS, L'ETOILE DES PRES, BALZAMINE, ASTERIE, PARIS.

ATLAS.

Mesdames et Messieurs, venez prendre des places,
Et jouir du concert. Honneur surtout aux grâces!

LINUS.

Voici, mon cher Atlas, notre Étoile des Prés,
Que j'ai l'honneur ici d'introduire, agréez
Notre père des arts, que je vous la présente,
Des nôtres, digne d'être ici la présidente.

L'ÉTOILE DES PRÉS.

Veuillez bien accueillir l'hommage et les respects
Que dans ce jour je dois sous différents aspects,
A l'arcboutant des arts, du temple de Minerve,
Digne de tout honneur que le sort lui réserve.

ATLAS.

Je suis vraiment touché du compliment flatteur
D'un enfant d'Apollon, des Muses en faveur,
De l'Étoile des Prés, du sacré vallon même,
De gloire rayonnante en son temple suprême;
Que je chanterais bien si j'étais troubadour,
Comme Pétrarque fit de Laure à pur amour.

HÉLIANTHE.

Maîtresse ès arts d'esprit; dans l'art de l'harmonie,
La belle Balzamine, aux enfants d'Uranie,
Vient ici rendre hommage. Ayant tant d'attributs;
Nous devons bien le rendre à ses talents, vertus.

BALZAMINE.

Galant, le chevalier me prête trop de gloire.
Mais je ne vous porte moins, vous priant de le croire,
D'intérêt, de respect, de vénération,
Que l'on doit au talent comme au savoir profond.

ATLAS.

Et moi le réciproque à tous égards, Madame,
Plus que persuadé, convaincu dans mon âme,
De tout ce qu'Hélianthe et le renom flatteur,
De dons vous attribue à bon droit sans faveur.

NARCISSE.

Les serviteur zélé des Grâces, Naïades,
Et des Nymphes des prés, honorant les Pléïades,
J'ai l'honneur, cher Atlas, de vous offrir aux yeux,
La charmante Asterie, un astre radieux.

ASTERIE.

C'est l'encens pur, croyez, de la galanterie,
Dont n'est dupe à part soi, sentant la flatterie,
Qui bien connait son monde avec les courtisans,
Que l'on n'en aime moins, aimables partisans;
Vous doit faire rabattre ici de la louange
Que me prodigue trop, de Cythère, l'Archange,
Le Narcisse poete Oh! veuillez, sans encens,
Agréer, en offrande, ici les sentiments
Que tout doit vous porter, appréciant la gloire
De vos nobles travaux, les filles de mémoire.

ATLAS.

Brillant de tant d'attraits, de talent et d'esprit,
On ne peut que charmer, avoir bien du crédit
Auprès de l'homme aimable, épris de vos merveilles,
De tant de qualités, trouvant peu leurs pareilles.
Quant à moi je n'ai pas assez fait pour les arts,
Pour la science encor pour avoir tant d'égards;
Au souvenir un jour des enfants de la gloire,
Devant bien peu laisser des fragments pour l'histoire;
Par la correspondance occupés, tous mes jours,
Et d'un observatoire et de quelques discours.

PARIS.

Illustre docte, Atlas! favori d'Uranie,
La gloire, justement, de notre Occitanie;
Que le savoir, les mœurs, ainsi que les vertus,
Glorieux assemblage et rares attributs,
Doivent rendre immortel, digne d'être céleste,
Vous proclame au-dessus de tout éloge, au reste,
Paris, quoique étranger d'un gymnase fort près,
Vient pour vous présenter son pur hommage exprès.

ATLAS.

Le chantre harmonieux de la beauté, des grâces,
Doit avoir place ici, partout où sont leurs traces;
Et notre Aréopage avec plaisir doit voir,
Avec les siens mêlé, l'homme aimable à savoir,
Qui dispense l'éloge en sa bouche fleurie.
D'un esprit délicat, mais non sans flatterie.
Belles dames entrez, une place d'honneur
Vous attend au salon, où dans l'instant le chœur
De nos musiciens, préludant la séance,
Pourra vous récréer quelque temps à l'avance,
En attendant que s'ouvre au salon d'Apollon,
De vos sœurs la séance en joie au sacré mont.

SCÈNE 10.[e]

HELIANTHE, NARCISSE, LINUS, L'ARCHIATRE, LE LINNEISTE, CHIRON, HERMÈS.

HÉLIANTHE.

Salut et bienveillance à nos membres encore,
Aux enfants d'Esculape, Hippocrate et de Flore,
Au Linné de la France, aux chers Chiron, Hermès,
D'un talent distingué, loumbles à jamais.
Au pontife de l'art du temple d'Esculape,
La vénération des siens comme leur pape,
Au temple de Minerve, où sont tous les beaux arts,
Y remplissant leur place avec tous les égards.

L'ARCHIATRE.

Les prêtres d'Esculape, ainsi que ses adeptes,
Fils chéris d'Apollon aux beaux arts non ineptes,
Doivent coopérer à la gloire du jour,
A Minerve à l'envi faire tous bien la cour.

LE LINNÉISTE.

Salut aux sacristains ou marguillers du temple,
En fatigue aujourd'hui, donnant un bel exemple.

CHIRON.

Salut, trois fois salut, chers enfants d'Apollon,
Hélianthe, Narcisse, honneur du sacré mont,
Virtuose Linus, enfant de l'harmonie,
Grand amateur des arts, et des arts du génie.

HERMÈS.

L'art d'Hermès Trismégiste, et son grand œuvre à part,

L'art des arts devenu, mérite à tout égard,
Restauré de nos jours, en ce temple une place,
Par tous ses attributs, sans qu'on lui fasse grâce.

ATLAS.

Illustre professeur, honorable rival
De celui de physique, en savoir son égal;
Par votre utilité, place ici vous est due,
Celle à part des états qui vous est dévolue.

SCÈNE 11.e

HELIANTHE, NARCISSE, LINUS, ACANTHE, ALCÉE, PHYDIAS.

LINUS.

Salut, non étrangers, dignes d'honneur tous trois,
Au nom de la cité, d'une commune voix;
Entr'autres grand respect à l'orateur illustre,
Prédicateur des rois, de l'église grand lustre.

HÉLIANTHE.

Comme au poëte, Alcée, au Parnasse en faveur.

NARCISSE.

Au Phydias français, de nos peintres la fleur,
Et dont s'énorgueillit cette cité louable,
Son berceau, qu'il rendra bien plus recommandable.

ACANTHE.

Cette cité des arts, de la science encor,
Ne saurait qu'influer sur l'esprit, sur son sort,
Ainsi que le climat et cet Aréopage,
Pour nous donner le goût des arts dès le jeune âge,
Aussi bien que l'essort à ces talents divers,
Que montrent du pays les sujets très-ouverts.

NARCISSE.

Vous nous deviez, Alcée, enfin une visite,
Depuis vingt ans absent, l'amitié n'en tient quitte;
La dette était sacrée, et pour tout cher parent,
Pour tout compatriote, ami, vous admirant.

LINUS.

Nul d'entre nous, ici, qui n'éprouve de joie
De votre présence, oui; de cœur ne vous octroie,
Estime, bienveillance! hommage, bien flatteur,
Pour le talent chéri d'un estimable auteur.

ALCÉE.

C'est un beau jour pour moi de revoir ma patrie,
Vexé, persécuté des censeurs en furie;
De me voir accueilli de mes concitoyens,
Des membres de ce corps, honorables soutiens
Des sciences, des arts, de la cité le lustre,
Pouvant le disputer par un grand nombre illustre,
A la plupart de ceux en France répandus,
Dignes rivaux de ceux de Paris, plus connus.
Hélianthe, Linus, Narcisse, en l'occurrence,
J'apprécie en ce jour, avec reconnaissance,
Les honneurs que nous fait la compagnie à tous,
De son estime étant rivaux, tous trois jaloux.

PHYDIAS.

Non moins n'est honorant pour moi ce qu'on m'adresse,
Non digne d'un surnom qui rappelle la Grèce;
Un grand prince de l'art, n'en méritant l'honneur,
Mes chers concitoyens, à moins d'une faveur.

SCÈNE 12.e

LES PRECEDENTS, ATLAS, LES AUTRES ETRANGERS SE RETIRENT.

ATLAS.

Voici l'heure assignée, où sous la présidence
De nos autorités on doit tenir séance;
Les invités rendus à la solennité,
Et nos membres aussi, le concert débuté;
En voici, c'est la cour, rendons-leur notre hommage.

SCÈNE 13.e

LES PRECEDENTS, LE CHEF DES MAGISTRATS, ARISTE, *Président*, SOLON, *Conseiller*.

ATLAS.

Il est flatteur pour nous, tout comme pour les arts,
De se voir honorer aujourd'hui, des regards
De l'honorable corps de la magistrature,
De son illustre chef qui, parmi nous, figure.

LE CHEF DES MAGISTRATS.

On ne saurait bien trop nos arts encourager,
Aû temple de Minerve avec vous y siéger.

LINUS.

A la tête des arts doit être l'éloquence,
Le lustre du barreau, par sa prééminence.

ARISTE.

Son honorable tâche est pénible à remplir,
Par les grands intérêts qu'elle doit bien servir.

HÉLIANTHE.

Des hommes tels que vous, en plusieurs arts grands maitres,
Ne peuvent qu'ajouter à leur éclat, bien être.

ARISTE.

La législation, organe de la loi,
Et du père du peuple, adoptif, ou du roi,
Fait le plus grand des arts, en haute politique;
L'art du législateur, bien pénible et critique.

NARCISSE.

De Thémis la science, et de Minerve en vous,
On ne sait à qui plus rendre hommage entre nous;
Illustre magistrat, savant jurisconsulte,
Qui tour à tour rendez aux déesses un culte.

SOLON.

La gloire des beaux arts peut avoir plus d'éclat,
Mais le jurisconsulte honoré par l'état,
Les services qu'il rend, éclairant la justice,
Une gloire modeste obtient en bénéfice,
Du légiste immortel, des Licurgue, Solon,
Justinien, bravant la révolution;
Des ruines sauvés leurs codes qu'on admire,
Leurs auteurs en mourant n'ont perdu leur empire,

SCÈNE 13.e

ATLAS, LINUS, HÉLIANTHE, NARCISSE, LE GOUVERNEUR, L'ARCHEVÊQUE, et L'INTENDANT.

ATLAS.

Il est digne de vous, Monseigneur, en ce jour
De venir honorer Apollon et sa cour,
D'une présence ici qui, désirée, enchante

Tous les arts réunis, réjouis, dans l'attente
De vous voir apparaître et de représenter,
Le protecteur des arts qu'ils doivent tous fêter;
Par vous encouragés, votre seule présence
Fera germer bien plus le talent, sa semence.

LE GOUVERNEUR.

Il est de mon devoir, comme il entre en mes goûts,
De protéger les arts qui tant nous servent tous;
Heureux d'être en ce jour de leur triomphe illustre,
Le témoin bénévole, irradiant leur lustre,
Sur tous leurs protecteurs et sur leurs favoris,
Bien des talents éclos à leur simple souris.
Je le dois d'autant plus que par là je seconde,
Du monarque les vœux pour les arts qu'il féconde.

ATLAS.

Monseigneur, ce n'est pas sans orgueil qu'en ce jour
Les disciples des arts, leurs grands hommes qu'on court,
Quels qu'ils soient par le rang comme par la connaissance,
Qu'ils seraient honorés bien de votre présence,
Devant contribuer à leur plus grand éclat,
Comme le protecteur de plus d'un lauréat.

LE PRÉLAT.

Je sens bien trop le prix, Messieurs, des arts utiles,
De leur protection qui les rend plus utiles,
Pour ne me faire gloire, un plaisir, un honneur,
D'être un de leurs patrons, un zélé protecteur.

ATLAS.

Monseigneur, honorez tous, dans notre séance,
Les arts dans ce grand jour de leur magnificence,
Leur triomphe en sera plus solennel, brillant,
Et bien plus mémorable, ainsi les accueillant.
Un de leur protecteur, chacun s'en glorifie,
Leur triomphe est le vôtre, à vous s'identifie.

L'INTENDANT.

Ce n'est pas sans plaisir qu'en ce jour solennel,
Je les vois rayonner d'un éclat immortel;
Témoin de leur triomphe, on doit se faire gloire
D'en être protecteur, jaloux de leur mémoire;
De leurs progrès dépend la splendeur des états,
La richesse du peuple en employant les bras.

Fin du second Acte.

ACTE TROISIÈME.

SCÈNE PREMIÈRE.

ATLAS *et tous les interlocuteurs qui ont paru, dans le temple des neuf Sœurs, assis dans des fauteuils.*

ATLAS *sonnant de la clochette.*

Nous allons commencer, la séance est ouverte,
Que chaque orateur parle à son tour et disserte.
L'art de faire le vin, que du moût on extrait,
La fermentation à tel degré parfait,
Réclamait un moyen qui nous le fit connaître,
Facile à pratiquer, ce qui nous a fait mettre
Ce sujet au concours; son prix est remporté
Par la mémoire offert, l'œnomètre adopté
De Monsieur Bertholon, lequel précise, indique
L'instant de décuver, de facile pratique (1).

On applaudit.

LE PREMIER PRÉSIDENT.

Qu'il est brillant ce jour du triomphe des arts!
Qu'il est heureux pour nous, entouré des regards
De tant d'hommes instruits dans les arts, les sciences,
D'estimables auteurs à grande expérience,
D'hommes célèbres même, illustres par leur nom,
Leurs talents et leur gloire en réputation;
D'avoir à faire ici dans cet Aréopage,
L'éloge des beaux arts et de leur rendre hommage!
De ces arts merveilleux, utiles, attrayants,
Bienfaits que l'homme doit à ces dons si brillants
Qu'on tient du créateur, l'esprit et le génie,
Découvrant les rapports, les accords d'harmonie;
De chacun dans son genre et les diverses lois,
Auxquelles sont soumis dans leurs divers emplois;
Leurs résultats divers et tous leurs phénomènes,
Qui respectivement composent leurs domaines;
D'où naît pour chacun d'eux un rithme différent,
Mais toujours symétrique, en tout cas apparent.

(1) A ce moyen, cet œnomètre, on pourrait, je crois, aujourd'hui, associer le spiritüomètre de M. Lavigne, notre concitoyen, ou celui de M. Gay-Lussac, qui pourrait signaler l'instant de son plus grand degré de spirituosité.

Ils ont un même but comme même origine,
Selon la fable, enfants d'une race divine;
Nés pour notre bonheur, le charme de nos jours,
Adoucissant les mœurs, employés leurs secours,
Tels que les arts divins qu'offre la poésie,
Celui des sons touchants de l'art de l'harmonie,
Auxquels prêta, jadis, des effets merveilleux,
Notre mythologie en des temps fabuleux,
Aux beaux accents du chant, aux doux sons de la lyre
D'Amphyon et d'Orphée; on vit par leur empire
Dompter les animaux, les peuples des forêts,
Et les arbres émus, se mouvoir sans arrêts,
Attirés, avancer, tressaillant en cadence,
Tous comme les rochers, sans faire résistance;
Le temple de Minerve et d'Apollon, ainsi
S'élever de lui-même; ô prodige inoui!
Merveilles de ces arts, dont le plus grand éloge,
D'un seul trait retracé signale cette loge;
Tant aux accords divins de puissance prêtait,
L'art à son origine où l'homme remontait.

Par eux civilisé, l'homme moral encore;
Quoi, la société ne leur doit, qu'elle honore?
A ces deux arts chéris, comme à l'art du dessin,
Qui n'est pas moins précieux, utile en toute fin.
Art magique, en effet, père de la peinture,
De tout art symétrique, et de l'architecture.

Que ne doit-on encor à cet art merveilleux,
Créé par le génie, apanage des dieux;
Qui dompte les esprits, les cœurs les plus rebelles,
Émeut les passions, soit fausses ou réelles;
Par ses traits, sa peinture et ses accents, pourtours,
Le charme de l'oreille et de l'esprit toujours;
Le grand art oratoire, oui! de divine essence,
Du dieu Mercure issu, le dieu de l'éloquence.

Que ne doit-on à l'art de Cérès, nourricier,
Art où la symétrie est requise art premier;
Quoique bien moins brillant, d'éclat ne resplendisse,
La haute agronomie, il est de la justice
De ne lui rendre moins d'honneur et de respects,
Par ses bienfaits, ses dons, sous différents aspects.

A l'art, que n'est-il dû, l'art de guérir utile,
Peut-être de nos jours devenu trop servile,
Beaucoup trop mercenaire; art qui réclame un dieu,
Pour découvrir les maux à travers un milieu
En tant d'affections qui troublent l'harmonie,

Le jeu de quelque organe, ou de l'économie,
Et trouver les moyens pour rendre à la santé,
A l'existence l'homme, à toute extrémité.
Comme l'astre du jour, les arts dans leur domaine,
Partout éclairent l'homme, où qu'il est placé en scène.
  Que d'obligations, disons, ne devons-nous
A la physique encor, à la chimie; oui, tous!
Qui nous font tant prestige, offrent tant de merveilles,
Même à part l'alchimie, à nulles sans pareilles;
Et soit par l'analyse ou les combinaisons
Des principes divers, les transmutations,
Nous dévoilant ses lois, les vrais traits du Protée
Que cache la nature, au creuset tourmentée.
  Que de reconnaissance, enfin, ne doit-on pas
A l'art astronomique, illustré par Atlas;
Ce qu'attestent les noms des signes de zodiaque,
Signalant quelque époque à l'art rural qui vaque.
Reconnaissance, honneur, enfin, à l'art des arts,
L'art d'observer, nouveau sous différents égards;
L'art d'expérimenter, philosopher, immense
A la philosophie, oui, de l'expérience!

LE GOUVERNEUR.

  Bienfaiteurs des humains, sont les arts, plus ou moins,
Quoiqu'en blâme Rousseau, les progrès néanmoins;
Par les abus secrets qu'en peuvent faire naître
Les fourbes malfaiteurs, qu'on ne peut méconnaître;
Et ceux qu'a signalés l'honnête Puiségur,
Touchant le magnétisme animal, art obscur,
Qu'on produit même absent, effets tous spasmodiques,
Dont le somnambulisme en est un des critiques;
Pouvant faire du bien, tout comme aussi du mal,
Travailler le physique ainsi que le moral.
Tout comme les abus secrets de la chimie,
De la physique encor, et phantasmagorie;
Et dont les résultats peuvent nuire souvent,
Et faire illusion, causer un détriment.
Quels ne sont les abus des sciences occultes!
Des fascinations qu'on voit en divers cultes;
Travaillant des esprits, des cœurs faibles cités,
Que l'on a cru du ciel, de l'enfer suscités (1);
Souvent pour le malheur de nombre de victimes,
Comme il est arrivé, provoqués quelques crimes.

(1) On connaît l'histoire de Jeanne d'Arc et celle des religieuses de Loudun, et de la maréchale d'Ancre.

Abus à redouter en révolution,
De l'esprit de parti, dans toute opposition;
Du machiavelisme, infernale tactique,
Qui met tous les abus clandestins en pratique.
Quoi qu'il en soit, les arts, pour la société,
Ainsi que leurs progrès, ont leur utilité.
L'art de régner, Messieurs, l'art des arts, art suprême,
Ne l'emporte-t-il pas par son but seul lui-même,
Sur les arts libéraux, autres utiles arts,
Qu'il vivifie, anime, on sait de toutes parts;
Bien transcendant en tout, l'art de la politique,
Comme l'art de penser, des lumières indique
Un tact pour gouverner, faire éviter le mal,
Et faire le bonheur de l'homme social,
Le grand utile but qui rassemble les hommes,
Quels que soient les états, les empires, royaumes.
Il a son prototype, art céleste et divin,
Dans cet art par lequel agit en souverain,
Le grand régulateur du monde qu'on admire,
Qui coordonne tout dans son immense empire,
A des lois d'harmonie, aux sublimes accords
Que montrent les beaux arts dans leurs divers rapports.
Telle est l'attraction du monde planétaire,
Qui se fait ressentir à tout globe, à la terre.
Ainsi que dans les arts, la loi de l'unité,
Cette harmonique loi qui régit la beauté,
Et le multiple, embrasse en toutes ses parties,
Qui doivent correspondre entr'elles, bien unies,
Pour produire l'effet des ravissants accords,
D'où la beauté résulte en tout genre de corps.

NARCISSE.

Que pourrai-je ici dire, après le grand éloge
Des arts préconisés, lorsqu'Apollon subroge
Le chef des magistats à sa place, en ce lieu,
Nous parlant le langage éloquent de ce Dieu.
Sans doute il me faudrait la sublime éloquence
Des grands hommes de l'art, avec votre indulgence,
Pour dépeindre le charme, avec tous les plaisirs,
Que les lettres, les arts, offrent à nos loisirs.
Pour faire leur éloge, en salon d'harmonie,
Dans un Aréopage, où l'on voit d'Uranie,
De Minerve, Mercure, et des neuf doctes sœurs,
Les plus chers favoris, de leurs dons successeurs.
Qu'il me suffise donc de deux mots de louange,

Des lettres et des arts dont le goût bien nous change ;
Et quel que soit le rang, l'état, la qualité,
Et l'amateur, l'artiste à grands talents cité,
Les lettres font partout le charme de la vie,
Adoucissent les mœurs, bien qu'excitant l'envie;
Jeunes, dans l'âge mûr, l'âge des passions,
Celui de la vieillesse, on en sent tous les dons ;
Sous différents rapports, pauvre, ou dans la richesse,
Charment nos doux loisirs, font une heureuse ivresse,
Qui nous fait oublier les peines, les soucis,
Dont ne peut s'affranchir que par ses bons avis,
L'homme en société, dans l'exil, les fers même,
Ses nourrissons sentant dans eux un vide extrême;
Dans le silence assis, le calme des passions,
Pouvant faire à ses maux quelques diversions ;
Elles peuvent charmer tout lieu de solitude,
La retraite du sage en faisant son étude.
La culture des arts, des beaux arts merveilleux,
Et des lettres, leurs sœurs, honorée en tous lieux ;
Sans cesse encouragée, est la gloire du trône,
Le fleuron le plus beau d'une riche couronne.
Celle qui vient des arts, plus durable en son cours,
Que celle des combats, non sans remords toujours;
La gloire d'Apollon que l'on a moissonnée,
De regrets affligeants n'est point empoisonnée ;
Celles des armes a des lauriers trop sanglants,
Des victimes de Mars, saignants, ouverts leurs flancs.
Des sciences et des arts le triomphe paisible,
Est toujours bienfaisant et rarement nuisible ;
Et celui des guerriers seulement glorieux,
Quand sauveur des états s'offrent de demi-dieux.

ACANTHE.

A l'art de l'orateur ou bien de l'éloquence,
Qui n'est que l'art acquis par quelque expérience,
De bien parler, bien dire, et de persuader,
Sans convaincre souvent, qu'on ne peut posséder
Qu'après de grands talents, l'étude réfléchie
De l'art de bien écrire et de la prosodie;
Du savant mécanisme en quelque cas abstrait,
Des membres du discours, du choix propre et parfait
Des figures de l'art, des tropes convenables,
Et de la connaissance en ces rapports notables ;
Du cœur humain sensible : et de l'art d'exciter
Diverses passions, les manier, heurter ;
Cet art ou ce talent qui rend l'homme sublime,

Honorable, louable en tant que légitime;
Déployé pour le bien, l'intérêt de l'état,
De la religion, du barreau, du sénat;
Est un talent divin qui dans Athènes, Rome,
Partout, à la tribune, au forum, au prodrome,
Donnait tant d'influence aux puissants orateurs,
Cicéron, Demosthène, en les couvrant d'honneurs.
La magique éloquence en accens nobles, mâles,
Ou pathétiques, doux, les chances inégales,
Subjugue, en les domptant, et les cœurs, et l'esprit,
Ou les touche tantôt, les attire, attendrit;
A la chaire, au barreau, comme au théâtre même,
Entraînés, tous les cœurs, par sa puissance extrême,
Les faisant tour à tour frémir et frissonner,
Palpiter, tressaillir, de pleurs nous inonder.
Des grands hommes d'état souvent fait l'apanage,
Par son auguste emploi dans quelque Aréopage;
Conciliant des rois les intérêts majeurs,
Ceux de la politique, honorés sans faveurs:
Des magistrats royaux fait l'art, le privilége,
Comme des avocats à grands cliens, dirai-je,
En des causes souvent de célèbres procès,
Où l'éloquence alors triomphe en plein succès;
S'agissant d'intérêt ou d'honneur qui réclame,
Des d'Aguesseau, Tronchin, leurs talents et leur âme,
Qui les fait triompher comme des demi-dieux,
Un ministre du culte, au nom parlant des cieux,
Avec cette éloquence et l'onction, les gestes,
Des Chrisostôme, ou bien des Bossuet célestes;
Sous ces divers rapports, hommage on doit à l'art
En ce jour de triomphe, où tous sont en regard.

L'ÉTOILE DES PRÉS.

Ma muse pourra-t-elle en ce jour exaltée,
A l'aspect des beaux arts dont elle est affectée,
De leur éclat divin, rayonnant à l'entour,
Faire assez dignement un éloge à mon tour,
Sur l'art si merveilleux, l'art divin de Minerve;
Et sur son influence encore que je desserve,
Comme prêtresse même en son temple aujourd'hui.
Oh! quel rayon de gloire à mon esprit a lui!
Riche langue des dieux, la belle poésie,
Dont le rithme divers diffère d'harmonie,
Selon les objets peints, les résultats divers
Qu'on veut en obtenir, graves ou vifs, doux, fiers,

A des règles dès lors, un art dit poétique (1),
L'art de faire des vers, difficile critique.
D'origine divine issu, né d'Apollon,
De Minerve, sa sœur, ce grand art, sacré don
Des Muses, devenu cet auguste langage
Destiné pour le chant, l'immortel apanage.
La création chante et les êtres divers,
Qu'étale à nos regards cet immense univers;
Les cieux, les mers, la terre, et leur magnificence,
Tous dons du créateur, que sa bonté dispense.
Ces astres que sa main a semés dans les cieux,
Ces êtres animés qu'étalent à nos yeux;
Le sein fécond de Rhéa, et des airs, et de l'onde,
Si variés, nombreux, et la mine féconde
De riches diamants, de différents métaux
Dont les arts créateurs font leurs matériaux.
Brillant, paré de fleurs dans sa riche parure,
L'art des vers est rival de l'art de la peinture;
Destinés tous les deux à peindre les hauts faits
Des dieux et des mortels, tout comme leurs bienfaits;
Comme l'art musical, il radoucit les hommes,
Il les a rapprochés, n'errant plus sous les dômes
Des antiques forêts avec les animaux,
Pour pâturer comme eux, de ces hôtes rivaux;
S'associant bien plus à l'art de l'harmonie,
Aux accords de la lyre invoquant Uranie;
Cet art peut opérer des prodiges réels,
Par sympathie agir, rapprocher les mortels.

HÉLIANTHE.

L'art tragique, Messieurs, ou l'art de Melpomène,
Qui peint les passions, les hauts faits mis en scène;
Des princes et des rois, des grands hommes connus,
Est un art très-scabreux, à bien grands attributs,
Pour l'exécution d'une pièce bien faite,
Par son plan, son sujet, l'ordonnance complète
Devant coïncider, les détails en accord,
Tout l'accessoire feint pour se mettre en rapport
Avec l'objet lui-même, essentiel que l'on montre,
Devant rendre critique une chance à rencontre;
En des transes nous mettre, agrandir, exhausser
Son héros malheureux pour plus intéresser;
En offrir quelque trait offert par son histoire

(1) L'auteur a fait paraître un art poétique.

Piquant, épisodique et digne de mémoire ;
En rapport au sujet qu'il est bon de choisir,
Dans l'histoire civile ou sacrée, à désir,
Dont le héros doit être un fameux personnage,
La nôtre à préférer lui rendant cet hommage ;
Plus conforme à nos mœurs, à la religion,
Que toute autre étrangère à notre nation.
Offrant plus d'intérêt pour nous, le sujet même,
Qu'un sujet fabuleux, loin de nos mœurs, extrême
Dont on doit ménager. l'intérêt en regard,
Et progressivement jusqu'à la fin par l'art,
Dont le dénouement simple et plus ou moins tragique
Doit être naturel, bien que catastrophique ;
Et le plan nous offrir les trois lois d'unité,
Celle de temps, de lieu, d'action, sa beauté ;
La dernière surtout, à la fois la première,
Accord d'où suit l'ensemble et l'harmonie entière (1),
Partie fort essentielle et que ne saurait l'art
Transgresser sans faillir, toute autre faute à part.

LINUS.

Chacun devant, sans doute, à son art un hommage,
Je l'offre à l'art rival des chantres du bocage ;
La musique qui naît des sons harmonieux,
Des instruments, des voix, des airs mélodieux,
N'est que l'art de charmer, de chatouiller l'oreille,
Et l'esprit et le cœur qu'il enfante à merveille.
De ces ressorts secrets liant notre moral,
Par d'invisibles lois au physique animal,
N'est que l'art du beau même, et l'art de la décence,
Des voix, des mouvements, réglés par la cadence.
L'apanage autrefois des poëtes marquants,
Philosophes divins, orateurs transcendants ;
Tels qu'Orphée et Therpandre, ainsi que Stésicore,
Son rapport théorique en bien des cas encore,
Peut seul nous élever à ces expressions
De l'art sentimental, langue des passions.
La science profonde en sa recherche obscure,
Des principes abstraits, des combinaisons sûres ;
De ces sons musicaux affectant notre cœur,

---

(1) Toutes circonstances que l'auteur s'est imposées dans une douzaine de tragédies ou drames, asservis à la loi : Jean-Baptiste, martyr ; Judas Machabée, sauveur de la Judée ; David et Absalon ; l'enlèvement de Dina ; Pierre d'Aubusson, grand maître de l'île de Rhodes ; saint Louis, prisonnier à Casel ; Henri IV, assassiné par Chatel ; la mort de Louis XVI ; la chute de Napoléon ou le triomphe de la légitimité ; la mort d'Antoine Boucher, frère de l'auteur-

De quelque affection de charme ou bien d'horreur.
Des principes encor, des belles consonnances,
Des sons rentrants ensemble, ou justes concordances,
D'un système donné, de cordes d'intruments,
Montés à l'unisson, vibrant en même temps,
Qui ravissent l'artiste et chatouillent l'oreille,
D'un plaisir indicible, extase sans pareille!
A l'unisson vibrant ses nerfs comme son pouls,
Sensible aux doux accords qu'il saisit plus que tous;
Aux charmes attrayants, grâce à la sympathie,
Que des abderitains prendraient pour la folie.
Art divin qui captive et l'esprit et le cœur,
Du maitre ou du profés, de l'adepte amateur,
Qui développe encor, avec le cœur lui-même,
La sensibilité, cet attribut suprême;
Son charme, sa magie entraine les rochers,
Et les fauves attire, énivre les nochers;
Suspend tous les soucis, éteint des maux la flamme,
Et rassure l'esprit, le cœur malade et l'âme,
Soit par la mélodie ou ses sons ravissants,
De la voix modulée en différents accents,
Ou par les simples sons, les beaux sons harmoniques
Des instruments divers, l'âme de nos musiques,
Des concerts enchanteurs, qui font le charme enfin,
Les plaisirs de la vie, amusement divin.
Hommage dans ce jour aux chefs de l'harmonie,
Rameau, Lulli, Guettri, inspirés du génie;
Que les oiseaux en chœur au retour du printemps,
En célèbrent la gloire avec nous tous les ans.

JACINTHE.

L'art merveilleux divin de tracer sur la toile,
Le papier, quelqu'enduit, sur le bois, quelque voile,
Soit d'après la nature, un caprice de l'art,
Quelqu'être animé brut, avec ou non sans fard;
Son coloris, sa teinte est l'art de la peinture;
Qui peut tout rendre en grand comme en miniature,
Ainsi qu'au naturel, qu'autres dimensions,
Mettre chaque partie en ses proportions.
Ce bel art tout fondé sur le dessin, sa base,
Qui doit être très-pur, présenter chaque phase,
Des traits de la figure et des membres du corps,
Le moelleux des contours et les divers accords;
Et d'après le relief, d'après la ronde bosse,
Des médailles surtout, des plâtres qu'on exhausse,
Incline, offre en profil, à mi-face ou quartier,

Rendant l'art connaisseur plus expert au métier;
Toute proportion symétrique gardée,
La perspective encor de rigueur demandée,
Observant bien toujours les règles et les lois,
Que l'on ne peut enfreindre en ses divers emplois,
Qu'en un genre grottesque, en quelque bambochade,
A moins d'avoir le goût bien faux et bien maussade;
Le point d'aspect, de vue et de distance pris,
D'où dépend du dessin l'ordonnance et le prix.
On n'en vient que bien fort à la peinture ensuite,
La couleur en détrempe à l'huile bien réduite,
Observant, en peignant d'après les lois de l'art,
Les effets, les reflets que produit au regard
La lumière et son jeu, le clair-obscur encore,
Qui donne une penombre au corps qu'il décolore;
Puis à la draperie à pli moelleux ou dur,
Le costume assorti, brillant ou bien obscur,
Selon les temps, les lieux, et selon la personne,
Les effets désirés que le bon goût seul donne.
Sans le goût, le tact fin, un dessin pur, correct,
La plus belle peinture, et quel qu'en soit l'aspect,
Perd moitié de son prix; un peintre coloriste
Plait sans doute aux regards, mais n'est qu'enlu-
ministe,
N'atteignant ce bel art à la perfection,
Que par un dessin pur et la possession
De tous ses attributs, ses diverses parties,
Au suprême degré mises en harmonies,
Et la belle ordonnance, et le symétrial,
Et l'esprit créateur, et le bel idéal;
L'appropriation de quelque connaissance,
Que lui fournit d'ailleurs, propice la science,
L'anatomie en chef, qu'il faut savoir d'abord,
Au moins quelque partie avec l'art en rapport;
L'ostéologie offre, et la nosologie,
Un grand secours à l'art pour peindre la saillie
Que les muscles, les os font sentir bien des fois
Dans divers mouvements, des efforts par leurs lois.
Ne pouvant suppléer, les plâtres, les modèles,
Bouchardon, Puymaurin ont fait des planches telles;
Puis la géométrie, une partie au moins,
Touchant la perspective, objet digne de soins;
La physique et chimie, à l'égard de l'optique,
Et des affinités pour la couleur magique;
Le mélange savant de certaines couleurs,

D'où s'ensuit quelque teinte ayant plus de faveurs,
Afin de suivre mieux les effets qu'il faut rendre,
Les effets objectifs, les couleurs qu'il faut prendre.
La dégradation des ombres que tout corps
Plus ou moins loin projète en suivant des accords;
Interceptant toujours en masse la lumière,
Et la réfléchissant souvent, mais non entière,
Sous la couleur de l'un des rayons primitifs,
D'où s'ensuit des effets bien divers réflectifs.
Enfin de Lavater, l'art ou bien la science,
Ne peut qu'être pour lui d'utile connaissance,
Pour peindre ou dessiner les effets du moral,
L'humeur, la passion, de son art le rival;
Sous ces divers aspects je dois un grand hommage,
Au bel art du dessin, du grand peintre apanage.

PHYDIAS.

Permettez qu'à mon tour je fasse de mon art,
L'éloge que chacun fait du sien en regard;
Art céleste et divin est l'art de la peinture,
Qui de rien fait éclore en aspect la nature;
L'œuvre du créateur qu'il peint, retrace aux yeux,
Et la terre et les mers, l'atmosphère et les cieux;
Les êtres animés qui le peuplent, décorent,
Végétaux, animaux, humains qui s'en honorent.
Quel art plus enchanteur! quel art plus ravissant!
Quel peut plus enfanter d'êtres intéressants!
Ici des fleurs, des fruits, des portraits, des prodiges,
Séduisant les regards, la main par leurs prestiges;
Là des sites divers, de romantiques monts,
Des bocages, des bois, et de riants vallons,
Des lieux paysagés, mouvants, animés même,
Des bergers, des troupeaux, des sylvains que l'on aime;
Ou quelque perspective, une marine offrant
Un naufrage, un combat, un port de mer bruyant;
Ou quelques grands tableaux, une scène historique,
Quelque sujet moral, ou royal héroïque;
Un chef-d'œuvre de l'art où brille avec le goût,
Le talent, le génie, excitant le ragoût:
Union désirée, assemblage bien rare,
Tant des perfections la nature est avare!
Tel par le dessin brille, et tel par les couleurs,
Tel par l'expression, le moelleux, la fraicheur;
La grandiosité, le clair obscur encore,

Ou l'idéal du beau, que bien plus on honore.
Chaque artiste, au surplus, et chaque école aussi,
Se distingue en style, en tout n'a réussi;
Tel Vinci Léonard, ce peintre très-aimable,
Et le fier Michel Ange, imposant, respectable
Par la grandeur divine et majesté des traits,
Le style énergique, un peu dur en attraits;
Poëtes, au surplus, tous deux chefs d'une école,
Qu'on nomme florentine, école antique en rôle.
Tel le disciple encor du fameux Perugin,
Le divin Raphaël à pur, correct dessin,
Et d'une expression à ragoûter, touchante,
Dans ses têtes surtout, dont la beauté m'enchante.
Chef, Raphaël, bien plus que son maître inférieur,
De l'école romaine où le goût est meilleur;
Sur l'antique formée, école à grandes vues,
Par l'idéal du beau, des antiques statues.
Tel le Giorgione et le frais Titien,
Célèbres tous les deux, disciples de Bellin;
Par le beau coloris, et la peinture à l'huile,
Dont on leur doit l'emploi propice, plus utile.
Chefs de l'école on sait de Venise, et dont l'art
Est l'imitation du naturel, sans fard;
Et rendu trait par trait d'une fraicheur extrême,
Tel Corrége cité par son pur dessin même,
La grandiosité des couleurs, leur douceur,
Par son pinceau moelleux, doux, qui fond la couleur,
Et l'idéal du beau, du clair-obscur encore,
De l'école lombarde, illustre chef; qu'honore
Aussi les Carravache, illustres, les patrons
De celle de Boulogne, encor tous à grands noms;
La gloire et la splendeur des arts, de la peinture,
Comme les autres chefs, dignes d'une gravure.
Rome, antique et moderne, est toujours pour les arts,
Leur métropole, offrant leurs hauts faits aux regards,
Où le peintre, sculpteur, l'architecte, autre artiste,
Ne saurait que gagner, ne fût-il que copiste,
Par la perfection et l'idéal du beau,
Des antiques offerts toujours d'un goût nouveau.
Faisant l'éloge ici des arts, de la peinture,
Je dois un pur hommage en cette conjoncture,
Aux écoles fameuses encor à tant d'égards,
Bien dignes de fixer un instant nos regards;
Aux écoles de France, et de Flandre et d'Hollande,

A Vandick, à Rubens, de l'école flamande.
Célèbre, le premier, par ses têtes surtout,
Et par son coloris; le second, par son goût,
Sa composition, sa grandeur, sa noblesse,
Ses plans, son clair-obscur, qui non moins n'intéresse.
A Lucas, à Rembrant, comme au Bamboche aussi,
De l'école hollandaise en accord celui-ci;
Le genre dit grottesque, ou commun d'ordinaire,
Joint au beau clair-obscur, peint l'école vulgaire.
 Aux artistes surtout de notre école encor,
Si célèbre notable et digne de son bord
Qui cultive avec fruit les différents styles,
Mais de manière n'ont ses artistes habiles,
Renommés en tous lieux qui font tant sa splendeur;
Tel Titien, Blanchard, Ranc, Bourdon en honneur,
Poussin dont le travail peint l'esprit, la science,
Vouet, Lebrun, cités pères de l'art en France.
De l'école française; illustres dans tous lieux,
Dignes de leurs grands noms, Lebrun surtout fameux;
Lesueur, angélique, et qui non moins l'honore,
Par ses productions dont elle se décore;
Par son genre sublime, expressif et touchant,
Chère école où j'ai pris un nom, mais bien moins grand.

DE HAUTE-TERRE.

 La simple agriculture encor que bien bornée,
Aux travaux de la terre, à ses engrais marnée;
Aux simples éléments, connaissances que l'art
Peut fournir au bons sens, au studieux regard;
Aux différents produits, aux richesses terrestres,
Animaux de labour, troupeaux et prés sylvestres;
Offre un grand intérêt, sans le si grand ressort
Qu'offre l'agronomie à tout égard rapport.
 Le simple agriculteur, distinct de l'agronome,
L'est du pur agricole, ou colon que l'on nomme
Manœuvrier, vivant du travail de ses mains,
D'un salaire gagné par des jours assez pleins,
Laborieux, se levant au lever de l'aurore,
Se couchant quand vesper dans les cieux vient d'éclore.
On ne saurait aussi, pour le bien social,
Assez encourager l'état d'homme rural,
Comme en rendre le sort bien plus heureux, prospère.
Le plus grand potentat que présente la terre,
En pompe tous les ans, la charrue à la main,

Ne dédaigne d'ouvrir, le premier, le terrain;
De consacrer ce jour par une douce fête,
Une pompe rurale, et dont nulle conquête
N'équivaut pour le bien, l'intérêt de l'état:
Plus utile sans doute est ce modeste éclat;
Au rang des mandarins d'élever l'agronome,
D'ennoblir un état, le premier dit en somme.
La haute agronomie est le premier des arts,
Qu'elle alimente tous, digne de tous égards;
Les êtres animés, de l'air, la terre, l'onde,
Tout comme les corps bruts, les minéraux du monde
Que l'on cultive, exploite, et chasse ou pêche enfin,
Tous sont de son domaine, en font le grand destin.

DE HAUT-VIGNOBLE.

Engagé de parler sur l'art de Triptolème,
D'improviser, lui rendre un hommage suprême,
Que je lui rende aussi le mien, premier de tous,
Il nourrit les humains sans faire des jaloux;
Mais c'est sous le rapport de notre agronomie,
Flambeau de l'art rural en son économie.
De Triptolème issue et fille de Cérès,
Comme l'agriculture il en naît ses progrès;
A juste titre digne et d'honneur et de gloire,
Tous ses législateurs au temple de mémoire,
Doivent y figurer, bienfaiteurs des humains,
Ainsi que ses hauts faits honorés des Romains,
En nous gratifiant de ses fruits, ses richesses,
Cette noble science a ses règles expresses.
Le résultat heureux de l'observation,
De la sagacité, la grande instruction;
La sphère est immense où s'étend la culture,
Des produits nutritifs qu'embrasse la nature.
L'influence des cieux, de la terre et des eaux,
Et de tout météore utile aux végétaux,
Est de son grand ressort, de son expérience,
Ainsi que la physique et la chimie immense;
Comme l'économique objet encor rural,
Elle a ses lois, son code, et pour règle et fanal,
Ses gestes, ses hauts faits qui proclament la gloire,
De l'immortelle Rhée, et de l'art aratoire.
Elle a son almanach, son domaine s'étend
Sur les divers terrains, sur leur assolement;
Les divers grains ou blés, semences céréales,
Les fourrages encor, leurs graines prairiales;

Les modes de culture et des prés et guérets,
Des vignes, des coteaux, des bois et des forêts;
Sur les arbres nombreux à fruit, bois à charpente,
Sur l'olivier, mûrier, le chêne et toute plante;
Les végétaux encor, utiles pour les arts,
Que l'on cultive en grand, déjà de toutes parts;
Sur les divers jardins, objet non moins utile,
Et sur la basse-cour, si féconde, fertile!
Sur les ruches encor dont le nectar divin,
Produit bien précieux, n'est pas un objet vain;
Sur la culture encor des riches vers à soie,
Bien productive, on sait; de la ferme la joie!
Sur la pêche et la chasse, et haute et basse encor,
Procurant bien souvent, à part son grand rapport,
Un amusement sain qui, parfois nous rappelle
Des divers animaux l'histoire naturelle.
Digne d'être chantée est cette science enfin,
Dans la langue des dieux par son noble destin;
De la protection d'un gouvernement sage,
Vu sa grande influence, à part son apanage,
Non moins que celle l'est du grand astre du jour,
Vivifiant le sein du globe tour à tour (1).
Honneur, en finissant, aux Olivier-de-Serres,
Rosier, La Quintinie, et Thull, de l'art les pères;
A deux flambeaux encor, Broussonnet, Amoreux,
Nos chers concitoyens, vu leurs travaux heureux.

ESCULAPE.

Honneur à l'art divin, au grand art d'Esculape,
Qu'on blasphème taxé, malgré les maux qu'il sape,
D'abréger notre vie au lieu de l'allonger.
Cet art guérit nos maux, mis souvent en danger;
Traités dès leur principe, et lorsque la nature,
Son principe vital, dont l'essence est obscure,
Offrent quelque énergie ou peuvent réagir
Contre le mal, chez l'homme, aux prises à gémir
Ou que s'exaltant trop, les facultés vitales,
Epuisent brusquement ses forces radicales
Tout notre art consistant, dans ses savants rapports,
A soutenir, aider, relever leurs efforts,
Ou bien les modérer, briser, répartir même,
Ce que fait l'à-propos du remède à l'extrême;

(1) C'est sous vaste ce rapport que le poëme inédit de l'auteur embrasse l'agronomie.

Son choix approprié, comme sa dose au mal,
Le tempérament pris du physique et moral
En estimation ; et toute circonstance
Propre à modifier l'effet, la résistance,
Conduit souvent, sans doute, à la cure des maux,
Au triomphe de l'art qu'éclairent deux flambeaux ;
Indispensables, l'un, la physiologie,
Qui dévoile du corps toute l'économie,
Et son agent vital, dans chaque fonction ;
L'autre, l'expérience et l'observation.
L'art ne peut en ce jour recevoir trop de lustre,
Rival par ses hauts faits de tout autre art illustre ;
Ses grands hommes encor de nos jours reproduits,
Dignes d'être immortels des célestes parvis ;
De l'encens des humains, du nôtre pour l'exemple,
Grand prêtre d'Esculape, en desservant le temple ;
En ce lieu qu'il honore aussi bien qu'Apollon,
Et la sage Minerve ; étant dans leur salon.
Je dois honneur et gloire au divin Hippocrate,
Gallien, Baillou, Leroi, Rivière, qu'on ne flatte ;
Dignes d'apothéose, à leur tour, des mortels,
Des adeptes de l'art, méritant des autels ;
Comme Esculape en eut jadis en Epidaure,
Que retracent ces lieux qu'Apollon aime encore.
Je pourrais faire ici l'éloge justement,
D'une branche de l'art, que difficilement
Avec fruit on cultive, étant sous sa régie,
Qu'on nomme en terme d'art la physiologie.
La science de l'homme, au physique, au moral,
Sous l'influence en tout d'un principe vital,
Dont je crois avoir bien démontré l'existence,
Comme ses attributs, sans en sonder l'essence ;
Qu'on ne pourra jamais, je croirais, découvrir,
Échappant en Prothée à qui veut la saisir.
Peut-être quelque jour verra-t-on quelque sage,
Vu ses propriétés, éclaircir le nuage ;
D'un principe identique, avéré, reconnu,
Pouvoir le rapprocher, l'assimiler, bien vu.
Mes nouveaux éléments en font assez l'eloge,
Doivent me dispenser d'en fatiguer la loge.
La physiologie est, soit dit, un flambeau,
Sans elle, la clinique, est souvent en défaut ;
Sans elle, un médecin, n'est qu'un pharmacopole,
Aveugle médicastre il joue un piètre rôle.

Puisse, mon grand labeur, ô divine Carné,
O fille d'Esculape, immortel être né!
Ayant illustré l'art sa nouvelle carrière,
Mon principe vital, reculé sa barrière.

LE MÉDECIN HIPPOCRATIQUE.

Le grand art de guérir est un art précieux,
Quand on suit en clinique un flambeau radieux;
Une saine doctrine en une route obscure,
Comme fit Hippocrate en suivant la nature;
Grand homme au nom duquel on ôte son chapeau,
Avec le saint respect qu'on portait au Très-Haut;
Au divin Esculape, alors que l'on professe
En disciple zélé sa doctrine qu'on blesse.
J'en ai le cœur navré! quel scandale de l'art!
Que de chismes sans honte, et sans pudeur, sans fard!
Oh! pauvre humanité, que vous êtes à plaindre!
Que d'assassins titrés! grand Dieu! bien plus à craindre!
Que n'est la fièvre même ou la contagion!
Les efforts naturels des maux à l'abandon!
Je fais ce que je puis pour soutenir son culte,
Qu'on voudrait renverser, son temple qu'on insulte.
Non que ne puisse bien perfectionner l'art,
La physiologie et l'autopsie à part;
Qu'on ne puisse fonder la clinique ingrate,
Sur ces deux fondements qu'ignorait Hippocrate.
Mais quelque précieux que soit l'art de guérir,
Heureux qui peut, plus sûr, ne pas y recourir.
Grâce aux lois d'Hygia, par un régime sage,
A craindre quelque écueil de l'art, quelque naufrage.
Tu peux seule, Hygia, mère de la santé,
Mettre l'homme à l'abri de tout mal enfanté
Par les passions même et par l'intempérance,
Sous tes dogmes sacrés dont on fait l'observance.
On peut considérer, sous différents rapports,
L'hygiène et ses lois et ses nombreux accords,
Sous un rapport public, général pour tout homme,
Ou bien particulier, tel que pour l'agronome.
Les différents états de la société,
Mais toujours relatifs à la salubrité,
Sous un rapport rural; la docte agronomie
L'embrasse en son domaine, étant en harmonie
Avec l'homme des champs, les divers animaux
De labour, basse-cour, même les végétaux;
Qu'on peut mettre à couvert par quelque prévoyance,

Ses divers accidents, sans aveugle croyance;
Objet d'un concours digne est l'hygiène en vers,
Non moins que l'art rural, météorique offerts;
Sujets, liés entr'eux, et qui sont le prodrome
Du temple de Cybèle, et chers à l'agronome.
Sous l'aspect général, l'hygiène en regard,
Doit nous intéresser, bien plus que tout autre art.
Par ses dogmes sacrés enseignant l'art de vivre,
Et la longévité à qui veut bien les suivre;
A l'homme intempérant, robuste ou délicat,
Fragile la santé, l'on doit être en combat;
Contre ses appétits, ses goûts, et la nature,
Tous ses agents divers, et la température:
Au dedans, au dehors, au physique, au moral,
Sans relâche affligeant son principe vital.
Cette flamme céleste en lui-même qui lutte,
Contre tous les agents auxquels il est en butte,
Qui doit se consommer plus ou moins lentement,
Que l'être qu'elle anime en tout vit sagement;
Sans cesse résistant aux forces d'inertie,
Auxquelles doit céder, hélas! bientôt la vie.
Fragile, comme on sait, l'édifice du corps,
Les organes usés s'arrêtent, leurs ressorts
Montés et remontés comme ceux d'une pendule,
Qu'un rien détraque et fait qu'il avance ou recule;
A la longue rendu, vain, le régulateur,
Insensible, le corps, au principe moteur,
Cesse de réagir, s'éteignant épuisée,
Sa sensibilité radicale, blasée.
Relatifs, les bienfaits d'Hygie en général,
Au régime de vie, et physique et moral,
Son grand domaine embrasse, avec la gymnastique,
Du ressort étendu de l'art hygiénique;
Toutes les sécrétions leurs différents accords,
Avec l'état divers où se trouve le corps.
Le sommeil et la veille encor, sous son auspice,
Que soumet à la règle Hygie, en tout propice;
Les affections même, avec les passions,
Comme les aliments, les diverses boissons,
Les dogmes, documents de l'art hygiénique,
Bien plus sûrs que tous ceux de l'art thérapeutique.

CHIRON.

L'art de Chiron, au moins, qui n'est conjectural,
Comme la médecine, offrant un sûr fanal,

A droit de réclamer, pour l'utilité même,
L'emportant sur tout autre en bienfaits, art suprême!
Un hommage en ce jour de triomphe pour tous,
Comme un rayon de gloire et dont il est jaloux;
Il n'a besoin d'éloge, au-dessus il se montre,
En offrant ses hauts faits, vus en toute rencontre;
Rendant la vue à l'un, la vie à l'autre alors,
Par un membre amputé, l'extraction d'un corps;
La taille, le trépan, un frein à la gangrène,
Armé du fer, du feu, dans sa sanglante arène;
Les portes de la vie, ouvrant au nourrisson,
Sauvant le fils, la mère en état d'abandon,
En offrant, en un mot, grand nombre de prodiges,
Des miracles de l'art, irradieux vestiges.

LE NATURALISTE.

Permis d'improviser sans chercher des détours,
Devant hommage aux arts, que je parle à mon tour!
Dans ce jour solennel, où chacun fait l'éloge
Du grand art qu'il cultive, ici séant en loge;
Au temple de Minerve, où sont tous rassemblés,
Les sciences, les arts, confondus et mêlés;
Tout comme les neuf sœurs, pour signaler mon zèle,
Réclamant par ma voix l'histoire naturelle;
Qu'en ministre de Flore, un hommage de fleurs
Je lui rende, en faisant ma cour aux doctes sœurs.
Il suffit de deux mots pour son apologie,
L'histoire naturelle en sa sphère agrandie,
Embrasse le grand tout, l'univers en entier,
L'œuvre du créateur, le chef-d'œuvre premier.
Toute la création, dans son immense sphère,
Des sciences, des arts, partout féconde mère;
Le règne inorganique et règne organisé,
Qu'éclaire son flambeau par l'art analysé
Même, accessible ou non, matériel sensible,
Sur le globe, au dehors, au dedans accessible,
Que ne peut son rival, le bel astre des cieux,
Éclairer sous un voile impénétrable aux yeux;
Qu'il récèle en son sein fécond, et qu'il recouvre,
Mais que l'esprit humain avec respect découvre.
Digne de notre encens, la déesse des fleurs,
Nous prodiguant ses dons ainsi que les neuf sœurs,
De parer, parfumer leur autel et leur temple,
De partager leur gloire, ici, que l'on contemple;

Mérite notre hommage, avec tous les respects
Qu'on leur rend en ce jour, prodiguant leurs aspects.

OLYMPE.

Peut-on fêter les arts sans fêter la science,
Protectrice de tous, qu'en Minerve on encense,
Dans ce temple en ce jour où sont tous réunis,
Les enfants d'Apollon, et des Muses admis.
Sous le rapport des arts que la physique embrasse,
Et de toute science où se montre sa trace;
Leur mère à tous commune, ainsi que dit Bacon,
La physique du monde en son vaste horison;
De tout savant lettré, son hommage réclame,
Le grand flambeau du temple et la clef qu'on proclame;
De l'auguste nature aux regards dévoilant,
Les merveilleux effets en nous les expliquant.
Et les propriétés des corps, leurs phénomènes,
Affections changeant leurs variables scènes,
Que nous offrent les corps, leurs phases tour à tour,
Les météores même, et saisons à leur tour;
Et leur réaction, toute leur mécanique,
Comme le merveilleux de tout être organique,
Des corps sains, animés; les fluides divers,
Le principe moteur des corps de l'univers;
Et de la vie encor, végétale, animale,
Phénomène étonnant que nul autre n'égale;
Décélant un principe actif, universel,
Et subtil, animé, soufle de l'éternel;
Ayant divers foyers, réservoirs d'où s'échappe
Cette flamme vitale, et que chaque corps happe
Plus ou moins, et selon qu'est sa capacité,
Son destin, sa nature et son affinité;
Fluide qui régit le monde et son empire,
Et des célestes corps, le moteur qu'on admire;
Mille merveilles offre, en rival radieux,
Être modifié de l'agent lumineux:
Cause attractive, il est des corps moléculaires,
Ainsi que des grands corps des immenses sphères;
Et tous mus, attirés par d'harmoniques lois.
Des prodiges nombreux, de là dans ses emplois;
En médecine même, en physique, en chimie,
Pouvant seul expliquer, les lois d'astronomie,
De l'électricité que l'on doit à Coulom,
Physicien distingué, d'un honorable nom;

Sorti de ce pays, notre compatriote,
Auquel ma muse doit l'honneur que je le note.
Cette science auguste, et qui fait la splendeur,
Et la gloire de l'homme, et d'Atlas en honneur;
Du ressort général de la haute physique,
Est avec l'art d'Hermès, comme la mécanique,
L'optique même encor, à merveilleux effets,
Et l'art météorique, avec tous ses hauts faits.
Vu les progrès de l'art que partout on pratique,
J'ai fait un appareil météorologique;
Universel, nouveau pour l'amateur instruit,
Ou le météoriste, où que soit son réduit;
L'agronomiste encor, l'astronome suprême,
Les enfants d'Esculape et ceux d'Hygia même.
Puissent-ils l'accueillir, ainsi que vous ici!
Les favoris des arts, des sciences aussi;
Comme leurs protecteurs, séant dans cette loge,
Jeune adepte, je veux mériter votre éloge;
Oh! puisse en être digne en ce jour, mon labeur!
Par son utilité mériter quelque honneur (1).

ATLAS.

La physique, sans doute, est en astronomie,
Un fanal lumineux au ciel pour Uranie;
Par le beau grand système, et l'explication
Des phénomènes dus tous à l'attraction,
Du fluide éthéré qui paraît la produire,
Régulateur des cieux, qu'il tient sous son empire;
Et par les instruments que l'optique fournit,
Plus ou moins merveilleux, qui pour elle produit;
Comme un fil d'Ariane, au céleste Dédale,
Parcourant avec eux la région astrale;
Lui faisant éviter, dans l'Océan des cieux,
Par ses divers fanaux les écueils périlleux:
Ainsi, comme elle en prête encor à la marine,
Avec la mécanique et boussole divine;
La navigation ne dépendant pas moins,
De l'une que de l'autre, et sous différents points;
Celui de la manœuvre et du pur pilotage,
L'emploi de la boussole aux astres, en usage.
La science astrocope, ou d'observation,
Est toute de calcul, de supputation;
En mathématique a sa base, son essence,

(1) Sa description en vers est à la suite de la pièce.

En s'identifiant l'une et l'autre science;
Transcendantale elle est, sous ce divin rapport,
Qui la rend merveilleuse en son sublime essor.
L'astronome qui plane au milieu de l'espace,
Comme l'aigle fixant le soleil et sa trace;
Y mesure le cours des astres, des grands corps,
Crus errants, bien long-temps reconnus leurs accords,
Est vraiment merveilleux; suivant dans l'écliptique
Notre globe en son cours, trace la gnomonique
Et le calendrier; les éclipses prédit,
Les occultations que d'avance il nous dit;
L'apparition même, et le long intervalle,
D'une comète au ciel; planète colossale,
A longue chevelure, à cheveux radieux,
La terreur de la terre autrefois à nos yeux;
D'un monde planétaire à l'autre allant, non libre,
Pour rétablir sans doute entr'eux leur équilibre (1).
O science admirable et divine, vraiment
Digne de notre hommage, en tous lieux illustrant;
Avec Newton, Herschel, les Lalande, Laplace,
Dont les noms radieux dans les cieux font leur trace.

MELPOMÈNE.

Et l'art de déclamer, l'art théâtral, d'acteur,
Qui fait valoir lui seul, s'il monte à sa hauteur;
Un auteur, son talent, triompher son ouvrage,
Ou le faire échouer par un autre langage;
L'art non moins difficile en sa perfection,
De Lekain, de Larive et de Talma, Baron;
Peut et doit réclamer quelque hommage modeste,
De l'art théâtral base, et difficile au reste.
La déclamation a des difficultés,
Que l'exercice seul, des efforts répétés,
Et l'étude long-temps de notre prosodie,
Et l'oreille exercée à sa grande harmonie;
Une flexible voix, le ressort du larynx,
Peuvent nous faire vaincre, et sans efforts des reins;
A force de labeurs, eût-on la voix ingrate,
Ainsi que Démosthène, épurée, elle flatte;
Et chatouille l'oreille, ainsi qu'il y parvint,
Ce chef des orateurs, déclamateur divin.
L'accent sentimental, joint au ton prosodique,

---

(1) L'auteur de la pièce fait mention de toutes ses vues scientifiques dans se colloques astronomiques.

A des charmes surtout, un attrait sympathique;
Qui rend et qui fait naître, et les affections
De l'esprit et du cœur, et mille passions;
Rend gai, joyeux, émeut ou fait frémir encore,
Par le geste expressif, animé, qu'il colore:
Le changement subit et tour à tour des traits,
De figure de masque, offrant tous les portaits
De chaque passion, avec le caractère
Que Lavater assigne en peintre vrai, prospère.
J'en appelle à la loge, au parterre séants,
Qu'ici me soit permis, sans abuser du temps,
De déclamer, Messieurs, un seul fragment de scène,
D'une pièce inédite, en acteur dans l'arène;
Sur Judas Machabée, homme illustre et sauveur
De la Judée, et fait grand prêtre du seigneur;
C'est au moment chanceux de son entrée au temple,
Où l'on va le sacrer, où Sion le contemple.
Aux honneurs du triomphe, à des honneurs plus grands,
J'étais donc destiné, grâce à vous instruments
De la bonté d'un Dieu, qui veut bien dans son temple,
M'admettre grand pontife, où j'aurai pour exemple
Le modèle du bien, le divin Samuel,
Le sauveur de Sion, du peuple d'Israël;
Qui l'affranchit du joug, des Philistins barbares,
Nous prédit nos malheurs, de son temps bien plus rares.
Temple divin, salut! autrefois de Sion,
Et la gloire et l'orgueil sous le grand Salomon.
De son faste pieux, monument et merveille,
Qui dans tout l'univers n'avait pas de pareille;
Accourant de partout, plus zélés, nos Hébreux,
Pour venir adorer le Dieu de leurs aïeux.
Salut, temple nouveau! que sans magnificence,
Dressa Zorobabel, en sa surintendance;
On t'a vu profaner, ciel! par Antiochus,
Te souiller d'une idole, encor Démétrius;
Mais foulée à mes pieds, outré d'un tel exemple,
Je te purifiai, beau, majestueux temple;
Tu vas donc devenir ma demeure aujourd'hui,
En ce jour de splendeur qui n'avait encor lui.
Je pourrai, ton pontife, au pied du sanctuaire,
Grand Dieu! t'offrir pour moi, pour Sion, ma prière;
Te présenter du peuple et les vœux et le cœur,

En élevant au ciel mes mains, dans le malheur:
Aux marches de l'autel prosterné, de mes larmes,
Je vais les arroser, ensanglanter mes armes:
A regret, ô Dieu bon! contre bien des hébreux
Infidèles qui vont adorer les faux dieux.

. . . .
. . . .

Montagne de Sion, mont sacré, vénérable,
Forteresse du lieu, boulevard formidable,
Qui peus seul, de ton dos, rendre sûr, sans revers,
Le temple du Seigneur, la cité que je sers.
Objet de mes regrets, quand de ce fort pourrai-je
En chasser l'étranger, avoir ce privilége?
Et mettre le saint temple et ses adorateurs
A l'abri des méchants, de leurs noires fureurs;
Couvrir Jérusalem, le mettre hors d'insulte,
De surprise, de peur, qui gênent trop le culte;
Peuvent en détourner des fidèles souvent,
Qui peuvent ici craindre, et même en ce moment:
Mes efforts rendus vains, il me résiste encore,
Ce souci m'inquiette! en secret me dévore!
On pourrait contre nous faire une excursion,
Pour troubler en ce jour mon installation
Au saint pontificat, mon attente trompée;
Mais Judas à sa garde, ainsi que son épée,
Pour repousser, s'il faut, les dangers à courir,
Puis défait Nicanor, qu'on voit d'ici pourrir;
Est un frein salutaire à leur ôter l'audace,
De faire excursion au temple où j'ai ma place,
En ce jour de triomphe et de gloire pour moi,
Où j'épouse l'église et fais ici la loi (1).

ALCÉE.

Peut-on fêter les arts, la haute agronomie,
Sans vous rendre un hommage, honneur de la patrie;
Femme illustre, estimable, à divins attributs,
L'amabilité même, et l'esprit, les vertus;
Les charmes émanés d'un cœur tendre, sensible,
Dans tout ce qu'elle peint de son cœur expansible,
Toute sentimentale aussi bien que sa voix
Pleine de grâce, elle a d'impérieux droits!
Par ses accents divins, par leur charme harmonique
Qui captive le cœur par attrait sympatique.

(1) Fragment extrait d'une tragédie de l'auteur.

De tout être bien né, sachant apprécier
A sa juste valeur, dans l'art licencier,
Son bien rare talent et sa philosophie;
Douce, non incrédule, et qui ne craint l'envie,
Se faisant respecter par les vertus, les mœurs,
De ceux la connaissant, malgré ses beaux labeurs:
Touchantes qualités qui rendent adorable
Le sexe d'autant plus qu'il est intruit, aimable.
  Telle, sans doute, fut la belle Laure; oh! oui,
J'aime à le croire, en tout phénomène inoui;
De grâces, de beauté, d'esprit, comme de charmes,
Dont fut épris Pétrarque, et blessé par ces armes;
Amant respectueux, sensible, délicat,
Dont l'amour fait époque, exemple en célibat;
Peut de preuve servir, qu'une femme adorable
Peut, sans blesser l'hymen, être aimée, estimable.
  Qui plus que notre Étoile, enchantant les regards,
A de titres pour plaire auprès des fils des arts;
Quel choix d'expression! quels talents poétiques
Pour l'épitre, l'idylle, et pour les géorgiques!
  Si son poëme n'a la richesse et l'éclat
Qu'a celui de Virgile, à moins que d'être ingrat,
On ne peut que louer une muse modeste,
Tant d'obstacles vaincus dans un sujet agreste;
Où Vanière, Rapin et l'illustre Rosset,
Avec de grands efforts, des talents, comme on sait,
N'ont pu rivaliser en chantant Triptolème,
Réservé ce triomphe à ce chantre suprême;
A ce puissant génie, en vénération
Par l'art des vers, la langue, et son expression;
Et que possède encor, bien rare privilége,
L'Etoile de nos prés, que Minerve protége.
Grâce à son docte maître, un savant très-profond,
Modeste philosophe, et qui jouit d'un nom.
Académicienne, agronome et poète,
Que de droits aux lauriers qui ceignent votre tête (1).

LE PREMIER PRÉSIDENT.

  Les éloges des arts, tous prononcés, je crois,
Dignes d'être applaudis d'une commune voix;

---

(1) Cet acte, trop scientifique pour la scène, mais non pour le sujet académique des jeux ruraux et chaumiques, peut être raccourci en supprimant tous les discours des interlocuteurs, entre celui du premier président et celui d'Algée ci-dessus.

A l'envi couronnons, avec respect et zèle,
Des Trouvères le chef, à prendre pour modèle
Un grand homme d'état, digne d'honneurs divins,
Qu'il reçut dans le temps aux jeux capitolains;
Poëte lauréat qu'au temple de Minerve,
Ceint d'un nouveau laurier, son buste ou y desserve;
Que par l'apothéose en ce jour exhaussé,
Introduit, il figure, avec honneur placé.

LE GOUVERNEUR.

Allons avec respect couronner de Pétrarque
Le buste vénérable, homme immortel qui marque
Dans les fastes des temps, dans les fastes des arts,
Digne d'apothéose, illustre à tant d'égards;
Et de l'encens offert aux demi-dieux, grands hommes,
Dans les temples des arts, divins, sacrés prodromes;
Je me fais un honneur de cet hommage ici,
Que je viens rendre aux arts comme à Pétrarque aussi.

L'INTENDANT.

Que d'un triple laurier soit ceint, le chef auguste
Du grand restaurateur des arts, tribut bien juste;
Triomphant de la mort, son génie immortel,
Poète lauréat, lui mérite un autel;
L'inauguration de son buste en ce temple,
Pour l'encouragement des arts et pour l'exemple.

LE PRÉSIDENT.

Qu'en ce jour solennel du triomphe des arts,
Des lauriers on décerne, acquis sous tant d'égards;
Que le prix proposé sur l'art météorique,
Traité sous un rapport savant, agronomique;
Offrant un appareil *ad hoc* universel,
Au docte Olympe soit décerné, solennel.

OLYMPE.

Quoiqu'audessous je sois, d'un sujet docte immense,
Digne d'autres talents et, de plus, de science;
Comme encouragement, je reçois un tel prix,
Qui me doit être cher, par telles mains transmis.

ACANTHE.

Il m'est doux dans ce jour, qui sera mémorable
Dans les fastes des arts, et pour vous honorable,
De pouvoir, jeune Olympe, au gré de tous en cour,
Vous ceindre d'un laurier, si cher au troubadour.

OLYMPE.

Il ne me l'est pas moins, ce laurier que je prise,
Transmis par un patron, grand flambeau de l'église.

LE PRÉSIDENT.

Qu'un prix sur le dessin soit ici décerné,
A Jacinthe présent, et qu'il soit couronné
Des mains de Phydias, pour accroître sa gloire
En ce jour triomphant, au temple de mémoire.

PHYDIAS.

J'aime bien à mon tour, chérissant le talent,
De pouvoir d'un laurier le rendre étincellant:
Que ce laurier, Jacinthe, honorant un artiste,
Le fasse prospérer, créateur ou copiste.

JACINTHE.

Il n'est à tous donné, le talent créateur,
On peut vous imiter encor avec honneur.

LE PRÉSIDENT.

Justement mérité, sujet des plus critiques,
Est adjugé, le prix, en vers des géorgiques;
Par rapport au Midi, bien louable labeur,
A l'Étoile des Prés, sans aucune faveur.

L'ÉTOILE DES PRÉS.

Quoiqu'il en soit du prix bien ou non légitime,
Bien plus de prix j'attache encor à votre estime;
Cet encouragement vaut bien tous les efforts
Qu'a pu faire ma muse en ses divers accords;
Ne peut d'ailleurs avoir qu'une grande influence,
Veuillez en agréer bien ma reconnaissance.

LE PRÉSIDENT.

Qu'en ce jour solennel du triomphe des arts,
Des lauriers on décerne, et dus à tous égards;
Aux grands hommes présents, nos chers compatriotes,
Jouissant d'un grand nom, ayant d'illustres notes;
Dignes, comme Pétrarque, à talents immortels,
D'avoir place en ce temple, un jour honorés tels.

L'ARCHEVÊQUE.

Qu'il m'est doux de pouvoir en ce jour mémorable,
Couronner de ma main l'orateur honorable;
Un lustre de l'église, ainsi que du pays,
Par le talent, l'esprit, l'éloquence sans prix.

ACANTHE.

Je dois la recevoir comme le témoignage
De votre estime ici, bien plutôt que le gage
Et l'honorable prix de mes faibles talents,
Que je dois rapporter à nos cieux influents.

ATLAS.

Que j'aime de pouvoir ceindre d'une couronne
Un poète à grand nom, que la gloire environne,
Compatriote aimé, dont les fastes des arts
Garderont la mémoire en l'offrant aux regards.

ALCEE.

Des lauriers décernés par des compatriotes,
Des savants distingués sont d'honorables notes,
Un flatteur témoignage encor d'estime aux yeux
Qui doit m'énorgueillir d'être né sous leurs cieux.

L'INTENDANT.

Pour moi quel heureux jour comme pour la patrie,
De pouvoir de lauriers couronner le génie
D'un peintre si célèbre et le restaurateur
De l'école française et qui fait sa splendeur.

PHYDIAS.

C'est bien trop glorieux dans ce jour mémorable,
Que de m'associer au triomphe admirable
De Pétrarque et des arts, cette faveur de vous,
Preuve de bienveillance ajoute au sort bien doux.

ARISTE.

Que le laurier, le myrthe à l'envi qui rayonne
Du poète charmant ici le chef couronne,
Des grâces favori, leur grand chantre immortel,
Dont l'encens à propos eut parfumé l'autel.

PARIS.

Décernée en ce jour par cet aréopage,
Chère elle me sera de son estime un gage.

LE PRÉSIDENT.

Qu'ajoute dans ce jour au triomphe des arts
Le triomphe du sexe, objet de nos regards,
Que l'Etoile des prés avec nous pour l'exemple
Ait l'honneur d'un fauteuil en confrère en leur temple.

L'ÉTOILE DES PRÉS.

Je ne puis trop émue et trop flattée ici

Répondre à cet honneur que par un grand merci,
Et des efforts nouveaux pour signaler mon zèle,
Et mériter l'honneur du fauteuil qui m'appele;
Les éloges flatteurs que l'on m'a prodigués
A l'envi malgré moi, ne les ayant brigués.

ATLAS.

La séance est levée, qu'on poursuive la fête
Des arts, de la nature, ainsi que leur conquête.

Alcée et Paris sortent ensemble.

SCÈNE 3.e

ATLAS, L'INTENDANT, ERYCTHEE, LABROSSE.

ATLAS.

Qu'à l'envi tour à tour le son harmonieux
De la harpe en accord, d'un chant mélodieux,
Dans le temple des arts y chatouille l'oreille
Charme l'esprit, le cœur, et l'amitié réveille.

S'approchant des pères Erycthée et Labrosse.

Il vous doit être doux bien flatteur pour tous deux
De voir vos fils chéris triomphants, glorieux,
Réfléchissant sur vous en ce grand jour leur gloire
Le fruit comme le prix de vos soins il faut croire
Leur éducation tenant de vos bienfaits,
A leur reconnaissance avez droit à jamais.

L'INTENDANT.

A la Chine, mes chers, vous auriez l'un et l'autre
Plus de part aux lauriers des fils qu'en pays nôtre
Où la gloire des fils pour le père est, dit-on,
l'objet d'un culte acquis de vénération.
Mais que de notre part au moins la bienveillance
Que nous vous portons tous soit votre récompense.
Moi, bon père Erycthée, à titre de voisin,
Moi, bon père Labrosse, amateur du dessin,
Je prends toute la part et l'intérêt possible,
Qu'au triomphe des fils chacun porte sensible.

ERYCTHEE.

Oh! c'est assurément bien honorant, heureux
De voir tout l'intérêt que vous portez, tous deux,
Monseigneur et Monsieur, au fils tout comme au père
Récompense aussi douce oui, que l'est le salaire,

Le prix de mes travaux, de l'éducation
De mes deux fils heureux, prospérant leur bon fond.

LABROSSE.

Je ne suis moins sensible à l'intérêt aimable
Que vous portez, Messieurs, au père, au fils louable
D'avoir mis à profit ses moyens et son temps,
Votre protection et ses efforts constants.

ATLAS.

Nous pouvons, Monseigneur, s'il vous est agréable,
Sortir sauf à rentrer, c'est même convenable,
Pour n'être pas témoins d'une rixe en ce lieu,
Entre Alcée et Paris.

L'INTENDANT.

Qu'on se mette au milieu.

SCÈNE 4.e

ALCEE, PARIS, *rentrant en se menaçant.*

ALCÉE.

Eh bien! nous nous verrons et dans ce moment même.

Cupidon et l'Étoile des prés cachés, l'un pinçant de la harpe, et l'autre l'accompagnant de sa voix.

PARIS.

O quel charme secret!

ALCÉE.

Quelle extase suprême!

PARIS.

S'empare de mes sens comme de mes esprits.

ALCÉE

Mon cœur n'est plus ému, mon esprit est rassis.

On entend :

Fils des arts, invoquons Minerve.
Apollon, la mère aux amours,
Que de haine le cœur préserve
Aujourd'hui leur puissant secours.
Que l'amour des arts, des sciences,
Qui fait le lien des neufs sœurs,
Vous rapproche, et par ses influences
Fasse le triomphe des cœurs.

UN CHŒUR DE MUSICIENS CACHÉ.

Issu des cieux comme Uranie
L'art des vers et des accords,
Qu'à leur ravissante harmonie
Cessent des bergers les discords.

CUPIDON ET L'ÉTOILE DES PRÉS.

Tout au printemps dans la nature
Cède aux attraits, accords divers ;
Du cœur doit céder la froidure
Avec le courroux des hivers.
Aux doux attraits de l'harmonie
L'amitié comme l'amour
Doit faire, par la sympathie,
A Minerve, Vénus sa cour.

LE CHŒUR.

Issu des cieux, etc.

On voit apparaître Minerve avec Pétrarque assis sur un nuage.

ALCÉE.

Alcée a fait un pas, que Paris deux en fasse !

PARIS.

Pour réparer mes torts, oui, soit que je t'embrasse !
Oublions le passé, rapprochons-nous de cœur,
Plus de ressentiment entre nous, plus d'aigreur.

ALCÉE.

Je le veux bien, Paris, de nouveau bien ensemble,
Renouons l'amitié au jour qui nous rassemble.

PARIS.

Et tous deux méprisons le Zoïle, impudent,
Qui veut prendre les airs d'un censeur, vil pédant ;
Homme à parti, jaloux, que la philosophie
Réprouve, abandonnant ses drapeaux, la harpie.

ALCÉE.

Croit pouvoir censurer en Longin, Despréaux,
Sans leur talent, leur goût, tous les auteurs nouveaux ;
Se faire redouter comme un rhéteur en chaire,
Armé d'une férule, ainsi que Despotaire.
Mais voici, je croirais, nos académiciens ;
Et le chœur rassemblé de nos musiciens.

SCÈNE 5.e

Tout le monde rentre en battant des mains en signe d'applaudissements.

ATLAS, ALCÉE, PARIS, HÉLIANTHE, LINUS, PHYDIAS, ACANTHE, L'ETOILE DES PRÉS, BALZAMINE, ASTÉRIE, *auxquelles ils donnent tous la main.*

ATLAS.

Nobles fils d'Apollon, fêtons, d'heureuse augure,
Le triomphe des arts, celui de la nature;
Entre nous à l'envi, dans ce jour rassemblés,
Qu'un toast soit porté par chacun, tous mêlés;
Et que la pantomime à la chinoise, en gase,
Lui rende hommage après; puis la danse à Pégase,
Qu'exécuteront tous, les légers troubadours,
Des muses, favoris, ainsi que des amours.

HÉLIANTHE.

Salut fraternel aux trouvères
De Vaucluse, Rome, Paris,
Toulouse encor, qu'ils soient prospères,
De quelque Laure favoris.
L'esprit, non moins que les grâces,
Fait savourer aux troubadours,
Des plaisirs purs, suivant leurs traces,
Escorte du moral de l'amour.

LINUS.

Hommage aux dieux de l'harmonie,
Et des vers, Minerve, Apollon,
Qui font naître la sympathie,
Aux accords de la voix, du son.
Comme aux princes de l'art sublime,
Auteurs chéris de leurs progrès;
Et par reconnaissance, estime,
Soit des maîtres, soit des profès.

PHYDIAS.

Hommage à l'art de la peinture,
Hommage aux grands hommes de l'art,
Qui nous retrace la nature
Et ses beautés à tout égard;
Peint les amours, leur badinage,

Les grâces avec leurs attraits,
Et les fait revivre en image.
Parlant encor dans leurs portraits.

ACANTHE.

Grand hommage à l'agronomie,
Ainsi qu'à l'Etoile des prés,
Comme à Dufour dans la prairie (1),
Dans tous ses atours d'après,
Par ses talents, par ses lumières,
Ses sages et doctes conseils,
Pour la conduite des fermières,
Et d'un domaine, sans pareils.

ALCÉE.

Fêtons de Laure et de Pétrarque,
Les immortels, chastes amours;
Chantons nos belles, qu'on remarque
Sur notre lyre, troubadours.
Que dans nos chants l'amour respire,
Exhale le pur sentiment;
Et que le cœur ému soupire
Son vif amour, son doux tourment.

L'ÉTOILE DES PRÉS.

Que l'amour pur, philosophique,
Remplace charmant troubadour;
Encore bien que platonique,
Le libertinage en amour.
Plus tendre, constant dans son rôle,
Content de la moindre faveur;
L'amoureux troubadour raffole
D'un regard qui charme son cœur.

BALZAMINE.

Que l'amour pur, moral, honnête,
Qui ne fait rougir la vertu,
A des charmes que le cœur appète!
Que le temps ne flétrit, accru.
Fondé sur l'esprit et l'estime,
Les qualités d'un cœur bien né;
Sans honte, amitié légitime,
Est son aveu reçu, donné.

ASTÉRIE.

L'amour délicat et timide

---

(1) Madame Gacon-Dufour, auteur agronome.

Décèle toutes les vertus,
De l'amant troubadour, rigide,
Comme l'honneur, ses attributs.
Véritable amour; il captive
La maîtresse, et l'honnête amant
Qui veut franchir l'honneur, sa rive,
N'est heureux, parfois, qu'un moment.

JACINTHE.

Hommage de tous les trouvères,
A la protectrice des arts;
De Minerve, rivale en ses erres,
De son destin, digne aux regards.
Comme du choix entre les grâces,
Que Minerve bien méritait;
Si Pâris eût suivi ses traces,
La docte cour qui l'escortait.

OLYMPE.

A belle Astérie, Astrocope,
Grand hommage et gloire en tous lieux;
Sous le voile qui l'enveloppe,
Digne de figurer aux cieux.
Comme la céleste Uranie,
Par tous ses attributs divins,
De présider à l'harmonie
Des cieux, des cœurs en ses destins.

ATLAS.

A l'art de se conduire en sage,
En politique, à tout égard;
Nous devons encor rendre hommage,
Comme à Confucius, à part.
Art social le plus utile,
Qui peut seul rendre l'homme heureux;
Et soit aux champs, soit à la ville,
Rois et sujets, art précieux.

LE TYPOGRAPHE.

Gloire à l'art typographique,
A Guttemberg, son inventeur,
Rival de l'art monographique,
Brillant flambeau dont la splendeur
Prête une vie à la pensée;
La rend sensible à tous les yeux,
La propage au loin, condensée,
Art magique, art merveilleux.

Après le banquet vient la pantomime chinoise, dans laquelle, tout en dansant, on couronne Erycthée et Labrosse. Puis Alcée, Olympe et Jacinthe, en costume chinois, ont l'air de faire leur cour, le premier à l'Étoile des Prés, le deuxième à Asterie, le troisième à Balzamine, vêtues aussi à la chinoise, tout en leur exprimant les attributs de leur état, c'est-à-dire, l'un ayant l'air de chanter sur la lyre, l'autre de lui démontrer la sphère, et le troisième de tirer son portrait. De Haute-Terre, suivi de Haut-Vignoble, ont l'air de tracer un sillon sur la scène avec une charrue à roue, représentant, l'un l'empereur de la Chine, et l'autre un de ses ministres; Melpomène a l'air de figurer une scène tragique de peintre amoureux (1); Cupidon une scène d'orchestre, Terpsicore de donner une leçon de danse à quelque élève.

Vient le ballet de Pégase ou des troubadours, qui veulent tous à l'envi le monter, font de vains efforts renversés par Pégase, recalcitrant, qui ne se laisse monter que de Terpsicore et d'Olympe, lequel après avoir dansé, voltigé avec Pégase sur la corde, prend son essort et disparaît dans l'empyrée.

Fin de la Pièce (2).

---

(1) Qui veut peindre le tableau de sa maîtresse que la mort vient de lui ravir, retouchant son portrait sur le chevalet encore.

(2) En deux mille cinq cents vers, y compris la description de l'appareil universel nouveau météorologique, qui marche à la suite de la pièce comme une note.

ERRATA.

Fautes typographiques, effets de l'intrigue.

Page 32, ligne 28, après le vers :
En voici, c'est la cour, rendons-leur notre hommage,
Ajoutez celui-ci :
Sa présence honorant ici l'Aréopage.
Page 33, ligne 11, grands maîtres, *lisez* grand maître.
Page 34, ligne 18 et 19, connaissance, *lisez* naissance.
Page 35, ligne 20, les sciences, *lisez* la science.

Description d'un appareil universel Météorologique.

Sous forme de faisceau l'appareil se présente,
Groupés, les instruments, avec art, docte entente.
Ses supports, sa tablette, offrent, en fer blanc,
Deux beaux arcs de triomphe, opposés dans leur rang.
De Junon, l'un portique, offre son effigie,
Avec ses attributs, dans l'Olympe régie;
Sous un arc étoilé, surmonté de son paon,
Qui, perché, glorieux, fait la roue en s'enflant;
La déesse des airs, le sceptre en main figure,
L'influence qu'elle a, météorique obscure.
Portique d'Uranie, est l'autre dans les cieux,
Sur son arc de triomphe, en aspect radieux;
Au centre, avec la terre, offrant un zodiaque,
Le soleil et la lune, mus autour de sa plaque;
De l'astre figurant dans ses douze maisons,
Le passage apparent aux constellations;
Brillant flambeau du monde, et des saisons le père,
Que plutôt en son cours se procure la terre.
Grand nombre d'instruments composent l'appareil,
Un bassin, eudomètre en fer blanc, tout pareil;
Mais plus grand, toutes fois, à coulisses mobile,
Sert de récipient à l'appareil utile,
Pour mesurer les eaux de pluie à volonté,
Recevoir des tableaux d'optique en tout côté;
Des flacons réactifs pour faire l'analyse,
Et des eaux et des airs en bien des cas requise.
Cet appareil commun pour l'eau, l'air, observés,
Des hydromètres offre aux colonnes trouvés;
Des thermomètres montre, appendus aux pilastres,
Au devant, à l'entrée, abrités des désastres;
L'un au mercure fait, l'autre à l'esprit de vin,
Parallèles entr'eux pour n'observer en vain.
Prenant rang, vient après un double anémomètre,
Pour mesurer du vent la force à reconnaître;
L'un et l'autre construit à ressort spiral,
L'un perpendiculaire et l'autre horizontal;
Que l'on peut combiner avec l'anémoscope.
Pour la direction du vent, son horoscope.
Un double eudiomètre après vient, ceux unis,
De Fontana, Volta, de robinets munis;
L'un dit au gaz nitreux, l'autre au gaz hydrogène,
Pour connaître de l'air les doses d'oxigène;
Que contient l'atmosphère, air qui le rend vital,
Que souille quelque gaz végétal, animal.
Un hygromètre à crin, en échelle métrique,
Entre ses instruments figure, ensuite, indique
De l'air la sécheresse, ou bien l'humidité,
Du cheveu le rival, honneur bien mérité.
Le baromètre après paraît par sa prestance,
Ce roi des instruments, nous prédisant d'avance

Le temps mauvais ou beau ; que voit l'observateur ;
Indiquant, transporté, de tous lieux la hauteur ;
Que dans l'appareil tient un météorologue,
A bonnet étoilé, pour lui donner de vogue ;
D'anémoscope à pan, l'instrument surmonté,
Exhausse la grandeur du monarque étonné.
L'électromètre après par derrière figure,
A filet, à globule, à colonne, à mercure :
Qui décèle de l'air son électrique état,
Plus sensible rendu, je croirais, moins ingrat.
  De Coulum, à côté, la balance électrique,
Brille en montrant les lois du monde astronomique ;
Comme celles encor de l'électricité,
Les corps célestes mus, probable vérité ;
Par ce même principe, autour en atmosphère,
Système auquel l'esprit sourit, sans peine adhère ;
Prévention à part, bien que l'ayant émis
Dans un ouvrage exprès ; fasse qu'il soit admis !
  Puis le condensateur du fluide électrique,
De Cavallo, Volta, qui le rend galvanique ;
Que j'ai mis en contact d'un altier conducteur,
Paratonnerre ensemble, apte électromoteur.
  En rang l'électrophore est, par son influence,
Et le flacon de Leyde exaltant sa puissance.
  Après, mis en regard, vient, sans orgueil, s'offrir
La boussole, qu'on doit consulter à loisir ;
Ses oscillations, chaque jour remarquables,
Le matin et le soir, en certains temps notables.
  Puis l'appareil d'Iris, avec ses attributs,
Son superbe arc-en-ciel à trois couleurs, bien plus ;
Les trois mères couleurs du spectre solaire,
Qu'en rang un prisme aigu, présente à la lumière ;
Où la combinaison des lentilles encor,
De foyer différant que l'on met en accord ;
Offrant au spectateur les couleurs magnifiques,
Des topazes, saphirs, rubis, couleurs magiques ;
Trinité de couleurs, qui signalent d'un dieu
Trois personnes dans une, en cet astre en tout lieu.
  Un planisphère encor, un petit planétaire,
Qu'à l'un, l'autre portique, on voit pour l'art solaire.
  Quatre tableaux, enfin, ferment cet appareil,
Les ruines offrant du temple du soleil ;
Que la croix sur ce globe, aux yeux, au reste, indique,
Qu'on voit dans l'appareil figure emblématique ;
L'idolatrie à bas, en tout lieu désignant,
Signalant sa ruine. Avec douceur régnant,
Quand l'esprit de parti, le temps du fanatisme,
N'égare les esprits qu'aveugle le sophisme.
  Aux pilastres on voit placés à leur sommet,
Les grands hommes que l'art pour grands maîtres admet ;
Et Cotte, et Toaldo, Deluc et de Saussure,
Qu'en ses fastes admis, chacun d'eux y figure.
Sous ces divers rapports, un pareil instrument
Dans le temple des arts peut être utilement.

www.ingramcontent.com/pod-product-compliance
Ingram Content Group UK Ltd.
Pitfield, Milton Keynes, MK11 3LW, UK
UKHW022111170726
13837UKWH00003B/1156

9 782329 221472